项目管理基础工具五图二表

刘毛华 ◎ 编著

全国百佳图书出版单位
化学工业出版社
·北京·

内容简介

《项目管理基础工具：五图二表》从管理学的角度出发，在系统工程学、运筹学、数理统计学和逻辑学的理论基础上，参照美国《PMBOK指南》的知识体系，梳理了项目管理的内在逻辑关系，将项目管理的核心内容进行提炼，化繁为简，创建了一套具有可操作性的实用工具：五图二表（阶段图、资源图、工作分解结构图、关键路径图、甘特图、工作陈述表及责任矩阵表）。

这套基础的核心工具是作者在长期的项目管理实践及项目管理咨询与培训经验基础上总结的，可帮助项目经理在项目管理中厘清思路，提升项目管理水平。

本书适用于对项目管理感兴趣的人群，特别是项目经理、项目总监、企业顾问及高管，同时也可作为高等院校项目管理、服务管理、生产管理或工程项目管理等相关专业的辅导教材。

图书在版编目（CIP）数据

项目管理基础工具：五图二表 / 刘毛华编著. —北京：化学工业出版社，2021.4 （2023.1重印）
ISBN 978-7-122-38464-5

Ⅰ.①项… Ⅱ.①刘… Ⅲ.①项目管理 Ⅳ.①F224.5

中国版本图书馆CIP数据核字（2021）第026054号

责任编辑：胡全胜　姚晓敏　刘　铮　　　　　装帧设计：韩　飞
责任校对：宋　玮

出版发行：化学工业出版社（北京市东城区青年湖南街13号　邮政编码100011）
印　　装：三河市延风印装有限公司
710mm×1000mm　1/16　印张12¼　字数150千字　2023年1月北京第1版第3次印刷

购书咨询：010-64518888　　　　　　　　　　售后服务：010-64518899
网　　址：http://www.cip.com.cn
凡购买本书，如有缺损质量问题，本社销售中心负责调换。

定　　价：68.00元　　　　　　　　　　　　　　　　　版权所有　违者必究

前言

随着市场竞争的日益加剧，企业只靠维持已有的执行管理（operation management，OM）体系已经开始越来越不能满足不断变化的市场需求，具有不断创新研发能力的项目管理（project management，PM）体系开始越来越受到企业的重视。

本书依据系统工程学、统筹学、运筹学、逻辑学和数理统计学的基础理论，结合美国项目管理协会（Project Management Institute，PMI）的《项目管理知识体系指南》（简称《PMBOK指南》），加上笔者40年的项目管理工作经验和18年的项目管理咨询师、培训师的工作经验，站在管理学的角度，为广大项目管理工作者创建了实战落地的"五图二表"工具，为读者打开项目管理的大门，使读者可以获得从理论知识到落地操作的项目管理能力。

本书详细介绍了企业如何建立一套符合自身制度、文化和产品技术的项目管理机制，而机制的基础就是"五图二表"的建立。"五图二表"包括项目启动过程中的阶段图、资源图、工作陈述表，项目计划过程中的工作分解结构图、责任矩阵表、关键路径图、甘特图。学会编制这五个图两个表可以使企业内部的项目管理团队、项目成员和项目支持等所有人员在项目的启动、计划、执行、控制和收尾五大过程中有能力来对项目进行管理，按照"没有图表就没有管理，没有数字就没有控制"的新理念来创建以"五图二表"为基础、以满足项目投资人和用户的需求为目标的项目管理机制。

本书具有如下特点：(1)语言通俗易懂，即使没有项目管理基础的读者也能读懂；(2)实用性强，书中案例均为企业经常遇到的项目；(3)可操作性强，书中各类图表简单易操作，一张图表解决一个问题。

让读者胸有成竹，能够成为制定项目行动路线的项目经理人，是笔者编写此书的愿望。书中疏漏及不足之处，敬请指正。

笔　者

2020年7月

目 录

1 管理学中最主要的两大基本管理体系 — 001

1.1 执行管理 — 002
1.2 项目管理 — 004
1.3 制造业中不同企业采用的管理体系 — 007
   1.3.1 快速消费品制造企业 — 007
   1.3.2 耐用消费品制造企业 — 008
   1.3.3 用户指定型产品制造企业 — 008

2 项目管理基础知识 — 010

2.1 项目的定义 — 010
2.2 项目的特点 — 011
2.3 项目管理中的风险与意外 — 012
   2.3.1 风险 — 012
   2.3.2 意外 — 012
   2.3.3 如何区分风险和意外 — 013
   2.3.4 项目风险的预见 — 013
   2.3.5 项目风险的应对 — 014
2.4 项目管理的五大过程 — 014

- 2.5 项目管理十大模块 —————————————— 016
- 2.6 项目管理的理论解释 —————————————— 017
- 2.7 项目说明书的编写 —————————————— 019
  - 2.7.1 编写项目说明书的原因 ———————— 019
  - 2.7.2 项目说明书的主体结构 ———————— 019
  - 2.7.3 项目说明书的内容 ——————————— 020
- 2.8 项目管理的组织形式 —————————————— 021
- 2.9 项目的质量标准 ————————————————— 022
- 2.10 项目的交付系统 ———————————————— 023
- 2.11 项目管理中的三大管理方法 ————————— 025
  - 2.11.1 标杆类比法 —————————————— 025
  - 2.11.2 历史记录法 —————————————— 028
  - 2.11.3 专家咨询法 —————————————— 029
- 2.12 项目生命周期 ————————————————— 030
- 2.13 项目管理的三大层面 ————————————— 031
- 2.14 项目经理的工作内容及能力特点 ——————— 032
  - 2.14.1 项目经理的递进式工作线路 ————— 032
  - 2.14.2 项目经理的 T、Q、C 平衡 ————— 033
  - 2.14.3 项目经理的能力特点 ———————— 033
- 2.15 项目经理的沟通 ———————————————— 035
  - 2.15.1 沟通模型 ——————————————— 035
  - 2.15.2 沟通范围的计算 ——————————— 036
  - 2.15.3 项目经理的沟通对象——利害相关者 — 036
  - 2.15.4 项目经理在沟通协调工作中的工具 —— 036
- 2.16 建立企业内部跨部门协调制度 ———————— 039
  - 2.16.1 跨部门协调的重要性 ———————— 039
  - 2.16.2 建立项目管理办公室的必要性 ———— 040
  - 2.16.3 项目管理办公室的建立 ——————— 042
  - 2.16.4 项目管理办公室的职能特点 ————— 043

2.16.5　项目经理在跨部门协调中的作用 —————— 044
  2.16.6　跨部门协调申请表 —————————— 046
  2.16.7　项目经理的权力 ——————————— 048
  2.16.8　项目管理办公室的功能 ————————— 052
 2.17　项目的市场化 ——————————————— 053
  2.17.1　项目属性分类 ———————————— 053
  2.17.2　项目的可行性研究 —————————— 054

3 项目启动过程的管理工具 —————————— 056

 3.1　项目启动的流程 —————————————— 056
  3.1.1　项目启动会议 ————————————— 056
  3.1.2　确定每个项目的 T、Q 和 C —————— 057
  3.1.3　项目启动的流程图 ——————————— 057
 3.2　阶段图 —————————————————— 058
  3.2.1　阶段图中的最终目标 —————————— 059
  3.2.2　阶段图的内容 ————————————— 059
  3.2.3　阶段图制作技巧 ———————————— 062
  3.2.4　阶段图制作的注意事项 ————————— 062
  3.2.5　制造业中新产品研发项目的阶段图案例 —— 063
  3.2.6　项目最终目标 ————————————— 064
  3.2.7　阶段图的 SMART 评估 ————————— 064
 3.3　资源图 —————————————————— 066
 3.4　工作陈述表 ———————————————— 068
  3.4.1　工作陈述表内容的填写 ————————— 069
  3.4.2　工作陈述表制作的注意事项 ——————— 069
  3.4.3　工作陈述表范例 ———————————— 070
 3.5　启动阶段"二图一表"的逻辑关系 ——————— 073

4 项目计划过程的管理工具 —— 075

4.1 项目范围计划管理工具 —— 075
4.1.1 工作分解结构图 —— 076
4.1.2 责任矩阵表（任务分配表）—— 085
4.2 项目进度计划管理工具 —— 088
4.2.1 关键路径图 —— 088
4.2.2 甘特图 —— 116
4.3 项目"五图二表"的逻辑关系 —— 120

5 项目实施过程中的冲突平衡和变更处理 —— 122

5.1 项目中九大冲突的平衡方法 —— 122
5.2 项目变更 —— 125
5.2.1 项目变更的控制程序 —— 125
5.2.2 常用的五大变更种类及处理方法概述 —— 126
5.2.3 项目进度变更的处理方法 —— 128

6 项目管理全过程控制的方法与工具 —— 135

6.1 进度（时间）管理全过程控制 —— 135
6.1.1 进度计划（事先）控制 —— 135
6.1.2 进度实施（事中）控制 —— 147
6.1.3 进度变更（事后）控制 —— 148
6.2 质量管理全过程控制 —— 149
6.2.1 质量计划（事先）控制 —— 150
6.2.2 质量实施（事中）控制 —— 152

6.2.3　质量问题（事后）控制——————————— 160
　6.3　成本管理全过程控制———————————————— 162
　　　6.3.1　成本计划（事先）控制——————————— 163
　　　6.3.2　成本实施（事中）控制——————————— 163
　　　6.3.3　成本失控（事后）控制——————————— 168

7　项目群组管理的资源平衡 ——————————— 177

8　项目管理功能图表 ——————————————— 183

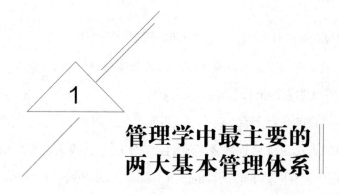

1 管理学中最主要的两大基本管理体系

管理学是一门综合性的交叉学科,是系统研究管理活动的基本规律和一般方法的科学。管理学是适应现代社会化大生产的需要而产生的,它的目的是:研究在现有的条件下,如何通过合理地组织和配置人力、财力和物力等因素,从而提高生产力的水平。

管理是指在特定的环境下,管理者通过执行计划、组织、领导、控制等职能,整合组织中的各项资源,实现组织既定目标的活动过程,它有以下三层含义。

① 管理是一种有意识、有目的的活动,它服务并服从于组织目标。

② 管理是一种连续进行的活动过程。实现组织目标的过程就是管理者执行计划、组织、领导、控制等职能的过程。由于这一系列职能之间是相互关联的,从而使得管理过程体现为一个连续进行的活动过程。

③ 管理活动是在一定的环境中进行的。在开放的条件下,任何组织都处于千变万化的环境之中,复杂的环境成为决定组织生存与发展的重要因素。

人类社会从最早的工业革命 1.0 的机械制造时代,到工业革命 2.0 的电气化与自动化时代,再到工业革命 3.0 的电子信息化时代,直至当今的工业革命 4.0 的自动化生产时代,已经产生了各种各样的专业化的管理体系，从门类众多的体系中，可以归纳得出以下两点结论。

① 从宏观的角度上看，制定战略的人是项目管理者；在战略范围内，制定战术方针的人是执行管理者。

② 从微观的角度上看，企业中从事新产品（服务）研发、老产品（服务）升级的人员是项目管理者，他们会制定研发、改进、提高和更新的计划，计划中含有明确的时间（time, T）、质量（quality, Q）和成本（cost, C）三大要素；执行上述计划的人员是执行管理者。

项目管理和执行管理的不断相互促进，使一个繁荣的市场已经展现在人们面前，大量的新产品、升级换代产品不断地涌向市场，市场的繁荣促进了经济的发展。这一切与项目管理体系和执行管理体系的紧密合作、相互促进是密不可分的。

1.1 执行管理

人们在日常工作和生活中都会自觉地按照一定的标准、工艺、流程、规范和制度去做事。例如：在生活中，去银行取钱，银行柜台（包括自动取款机）都有设置好的流程，只要按照步骤走完流程，钱就取到了；在具体的工作中，各公司都会给各个部门设置技术上的标准、产品加工的工艺及完成各种不同工作的步骤（流程）；再扩大一点，公司有管理制度，行业有行业规定，国家有国家标准。我国非常重视标准化事业的建设和发展，完成了涉及几乎所有产品和服务的标准化设置。国家标准的产生，直接为产品技术工程师在研发设计、结构工艺、生产制造、装配调试、物资采购和售后服务等环节提供了最直接、最可靠的依据。

国际上，随着各种新产品不断进入市场，很多产品（尤其是那些关系到人类健康和安全的产品，如飞机、汽车、轮船、食品、药物、医疗器材等）所在的行业都相继建立了各种不同的标准体系。例如，药品生产管理规范（Good Manufacturing Practice，GMP）、食品安全的危害分析和关键环节控制点（Hazard Analysis and Critical Control Point，HACCP）等。

以上所有的规定都是由企业的创始人和产品的研发设计人员用文字或图表的形式把各种执行标准固定下来，在企业运行的时候，要求相关的员工严格参照执行，这种管理叫作执行管理。所有执行中的各种规定，也就是前面提到的标准、工艺、流程、规范和制度，统称为执行管理的依据，如图1-1所示。

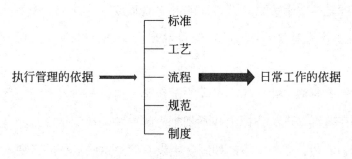

图1-1 执行管理的依据

（1）标准

标准是指对重复性事物和概念所做的统一规定，它以科学技术和实践经验的结合成果为基础，经过有关方面协商一致，由主管机构批准，以特定形式发布作为共同遵守的准则和依据。例如，我们国家的国家标准、行业标准、企业自行设置的企业标准等。

（2）工艺

工艺是指将原材料或半成品加工成产品的方法、技术。制造业中任何产品的生产过程都是由一系列的工艺点加上每个点的工艺技术组成，这些工艺点按照产品对质量和设备的要求联结起来，成为完整的从原材料到成品的一条线，也就是通常所说的生产线。

（3）流程

流程是指一个或一系列连续有规律的行动，这些行动以确定的方式发生或执行，促使特定结果的实现。例如，企业内部的财务报销流程，环境、职业健康和安全管理体系的执行流程，人力资源的招聘流程等。

（4）规范

规范是指明文规定或约定俗成的标准，一般用于多种不同技术合成的产品。例如，造船规范、汽车生产制造规范等。

（5）制度

制度是指要求公众共同遵守的办事规章或行为准则。例如，我们国家的社会主义制度，公司制定的符合自身文化、产品特性的企业管理制度。

世界上80%～90%的人每天的工作都是执行，一旦现实情况发生变化，而在执行管理的依据中找不到相应的办法，换句话说，就是在现有的标准、工艺、流程、规范和制度中没有应对这些变化的方法，所有的执行人员因为没有足够能力应对变化，就只能停下来。其中唯一的原因就是：执行管理的依据不是执行人设置的，他们不知道为什么要设置这样的内容。

1.2 项目管理

如果人们在工作中遇到新产品研发，遇到老产品需要改进技术、变化结构，遇到某零部件的某些参数需要优化，在执行管理中找不到这些问题相应的解决依据,人们只能用另一种项目管理的方法来解决这些问题。换句话说,当人们遇到了非标准化的需求、用户定制的需求、临时性的需求、一次性的需求时,便要开始换一种管理思维了。

项目管理(project management,PM)是在确定的时间范围内,为了完成一个既定的目标,通过特殊形式的临时性组织运行机制,并通过有效的计划、组织、领导与控制,充分利用有效资源的一种系统管理方法。项目管理是管理学中最年轻的管理方法,由于开发得比较晚,导致很多企业的项目管理能力都有待提升。

项目管理的特性包括非标性、定制性、临时性及一次性,如图1-2所示。

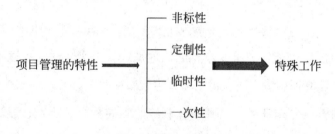

图1-2 项目管理的特性

(1)非标性

非标性是指不是按照国家标准或行业标准而是根据特定人的用途需要自行设计制造的产品或服务。例如,有一家专用液压设备的制造商接到一个非标设备的需求,客户要求他们在规定的期限内,交付一台符合客户特殊技术规格要求的液压设备。由于用户要求设备的体积小且油压马达的功率高,不在国家标准之内,标准的油压马达装不进体积小的设备中,只能由制造商的油压马达技术工程师自行设计制造油压马达,也就是说从设计到工艺再到生产和安装调试过程中都找不到国家标准,更没有规范可依据。

（2）定制性

定制性是指按照客户的产品需求，对产品或服务的研发设计、生产制造、交付、售后服务等过程进行统筹管理。例如，为整车厂的新车配套符合新车技术规格要求的零部件，新建一条地铁线等。

（3）临时性

临时性是指项目不是一项持续不断的工作，每一个项目都有一个明确的开始时间和结束时间，当项目目标已经实现或项目需求已经不复存在而需要终止项目时，项目就结束了。例如，为展览会提供一台样机，当展览会结束了，这台样机只能廉价出售或成为展示机。

（4）一次性

一次性是指只有一次而不需或不能做第二次重复的一种特性。例如，不可能再建造一条与原来完全相同的地铁线。一次性这一特性不仅奠定了项目管理的独特性，还显示了项目管理的难度性。

项目管理分布在各行各业中，制造业中的新产品研发、建筑业中的城市高架桥的建造、服务业中的个性化旅游设计……只要是一次性的、符合客户特殊要求的（含有非标要求）、要求在规定时间交付产品或服务的项目都涉及项目管理。

项目管理分布在一个项目的不同阶段中。举一个简单的例子，生产制造一辆新车，一定是经过研发设计（PM）—生产制造（OM）—改进（PM）—再生产制造（OM）—再次改进（PM）—再次生产制造（OM）……由此而产生管理学中持续改进的循环系统。

项目管理是管理学中最特殊、最有个性的一种管理方法。相对执行管理来讲，项目在计划、实施和控制中对 T、Q 和 C 具有更高的要求。T、Q、C 在项目的整个过程中会随时发生变化，这些变化会对管理产生影响，详见图 1-3 所示。因此，项目管理是一种动态式的管理，是需求和资源不断相互平衡的一个过程。

时间
质量 } 项目管理中的三大参数
成本

图 1-3　项目管理中的三大参数

一个成熟的项目经理在项目执行过程中应拥有对 T、Q、C 进行不断平衡的能力。

总而言之，按照实际情况，明确目标，利用资源，通过制定不同的计划和采用不同的监控工具，达到满意结果的整个系统叫项目管理，操作这个系统的人叫项目经理。

1.3 制造业中不同企业采用的管理体系

作为管理学中最重要的两大管理体系，执行管理和项目管理有各自不同的特性。接下来将以制造业为例，分析不同的制造企业分别采用哪种管理体系。

1.3.1　快速消费品制造企业

快速消费品制造企业包括食品饮料制造商、办公用品制造商、消耗材料制造商等。这些企业产品的生命周期很长，因此执行管理的周期很长。只有新产品的推出才产生少量的项目管理。

> 快速消费品制造企业的企业管理以执行管理为主，以项目管理为辅。

1.3.2 耐用消费品制造企业

耐用消费品制造企业包括汽车制造商、家用电器制造商、家具制造商、珠宝饰品制造商等。这些企业的产品要不断地升级换代，企业根据其产品的生命周期长短选择不同的管理模式。例如，产品生命周期相对较长的企业（生产冰箱、彩电、空调等产品的企业），以执行管理为主，以项目管理为辅；产品生命周期相对较短的企业（生产手机、剃须刀、电热水壶、咖啡壶等各类小家用电器的企业），以项目管理为主，执行管理为辅。

> 产品生命周期长的耐用消费品制造企业以执行管理为主，以项目管理为辅；
>
> 产品生命周期短的耐用消费品制造企业以项目管理为主，以执行管理为辅。

1.3.3 用户指定型产品制造企业

由于用户指定型产品制造企业的产品从研发设计到生产制造直至交付的所有过程都是完全根据用户的要求来定制的，是一个完整的、由特定需求开始的管理链，这类企业均采用项目管理模式。例如，设计院、建筑公司、为上游企业产品配套的零部件制造商等。举个特殊的例子，汽车生产制造企业的产品是耐用消费品，但为他们的新车配套零部件的各类企业就是用户指定型产品制造企业。

> 用户指定型产品制造企业采用项目管理体系。

完全采用项目管理体系的企业，企业的管理就应该按照项目管理的机制来进行，也就是说必须建立以"五图二表"为基础的管理模式。本书将对项目管理的内在逻辑进行梳理，对项目管理的核心工具"五图二表"进行重点介绍，帮助项目经理理清思路，提升项目管理水平。

2 项目管理基础知识

2.1 项目的定义

项目是在一定时间、一定预算范围内需达到预定质量要求的一项一次性任务。项目具有时间性、目标性、一次性、风险性等特征。

① 时间性　项目有明确的开始时间及结束时间。

② 目标性　项目最终目标的确定原则是符合项目投资人和项目用户的需求。一个项目要明确确定其最终目标并编写入项目说明书中（详见项目说明书相关内容）。

③ 一次性　一次性是项目管理区别于执行管理的最明显的特征。

④ 风险性　由于项目一次性的特征，项目随时都具有风险性。风险分为可以预见的风险及不可预见的风险。

除此之外，一个项目与 T、Q、C 息息相关。项目管理过程中要制定包含有明确 T、Q、C 的详细计划（以"五图二表"为基础工具的图表系统）。每个项目都有一个具体的结果——项目交付物，项目交付物要符合投资人和用户的各项需求。

2.2 项目的特点

项目具有如下特点。

(1) 项目的差异性

公司不一样,管理文化就不一样,制度也就不一样,项目的产品更不一样。由于项目一次性的特点,不同企业的项目或同一企业的不同项目在项目管理上就会显示出很大的差异。例如:有的项目更重视 T,那么 Q 和 C 就会适当地给 T "让步";有的项目 Q 最重要,那么其 T 和 C 也会适当地给 Q "让步"。

(2) 项目的社会性

有些项目会带有很大的社会效应,那么最终目标实现的 T、Q 和 C 就显得不是很重要了,项目管理大部分的努力是为了实现社会对项目的要求。这些项目主要是国家项目或慈善项目,如国家重大工程项目、社会福利事业项目等。

(3) 项目的跨学科性

项目管理的理论基础是系统工程学、数理统计学、运筹学、统筹学和逻辑学。在实际应用中,一个项目可能涉及多个知识领域,需要多种学科专业的专家、学者的参与来保障整个项目过程的科学性与合理性。

(4) 项目的跨行业性

无论什么行业,只要对其产品或服务有创新、研发、改进和优化的需求,其管理的工具就是项目管理。所以并不是只有在特定的行业中才能使用项目管理,可以说项目管理已经深入到每一个行业、每一个企业的管理系统中。现今社会中,无论哪种行业,也无论哪类企业,可以说没有哪一家公司可以离开项目管理。

2.3
项目管理中的风险与意外

2.3.1 风险

风险是指某种特定的危险事件发生的可能性与其产生的后果的组合。通过风险的定义可以看出,风险是由两个因素共同作用组合而成的:一个是该危险事件发生的可能性,即危险事件发生的概率(定性);另一个是该危险事件发生后所产生的后果,即危险事件发生后的损失(定量)。风险是从定性和定量两方面来评估的。

例如,天气预报报告明天下午到晚上会有暴雨,下暴雨的概率是90%,每小时的降水量为18毫米。接下来从风险的角度,对这则信息进行分析。

① 每小时的降水量为18毫米,下暴雨的概率是90%——这属于风险中的定性因素。

② 假设不做预防工作,损失会是20000元;做了预防工作,也会有2000元的损失。结合暴雨发生的概率90%进行计算:

$$2000 元 \times 90\% = 1800 元$$
$$20000 元 \times 90\% = 18000 元$$

因此暴雨这个风险给人们带来的最小损失是1800元,最大损失是18000元。这就是风险中的定量因素。

2.3.2 意外

意外是指意料之外发生的事件。通俗地讲就是意想不到的、突如其来的、不可抗力造成的或目前科学技术不能预测到的、没有规律的事件,如地震、海啸等。

2.3.3 如何区分风险和意外

通过定义可以知道，风险是可以预见的，是可以控制的，而意外是不能预见的。现实生活中，确定一个事件是风险还是意外还要结合不同的条件进行判断。

例如：一家化工厂起火爆炸，工厂内有人员伤亡，企业法人负全部责任。这个事故对伤亡的人员而言是遇到了意外，对企业法人而言是遇到了风险；"泰坦尼克"号邮轮撞到了冰山沉没了，对所有失去了生命的游客来说是遇到了意外，对邮轮公司、邮轮的船长来说就是遇到了风险。

因此同样一件事所产生的后果，对一部分管理者来说是风险，对一部分执行者来说是意外。

2.3.4 项目风险的预见

下面来介绍项目风险的四大预见工具。

① 公司以前类似项目的教训。因为项目类似，所以前一个类似项目的教训，很大的概率就是这次项目的风险。

② 历史记录。国内外的同行对类似项目的风险是否有记录，如果有就把它记录下来作为参考，它可能会成为这次项目的风险。

③ 团队协商。在公司内部寻找以前做过类似项目的同事，"三个臭皮匠，赛过诸葛亮"，这三位同事就会告诉项目经理在这类项目中可能存在的某些风险。

④ 专家咨询。咨询行业内的风险专家需要注意的是，必须区分清楚风险的属性是管理风险还是技术风险，只有确定了风险的属性后才能够去寻找符合属性的项目风险专家。咨询专家找准确了，专家所提出的风险的发生概率是最大的。

2.3.5 项目风险的应对

美国《PMBOK 指南》一书中提到，预见到了风险后，便要制定应对的方法，制定顺序是这样的：

回避—转移—减轻—接受

回避：简单地讲就是能躲开就躲开。例如，道路在修建，那开车经过时就绕道躲开。

转移：将风险发生后的损失转移到其他地方。例如，购买了保险的企业可将全部或部分损失转移到保险公司。

减轻：在保证生命安全的前提下，放弃部分价值低的财物，使风险发生后的损失降到最低。例如，特大洪水暴发时，抢救人的生命是最重要的，其他一些低价值的东西就可以放弃了。

接受：如果前面三个方法都行不通，那么只能接受这个风险。但是如果一旦选择接受，那就必须做好应急预案。例如，我们国家应对各种不同的风险都有各种不同等级的应急预案，各种不同等级的预案中都含有各种不同的方法和工作流程。

> 凡事总有人在"做"，凡事总有人在"管"。
> "做"的人做错了，"管"的人负主要责任。
> 对于项目经理，管＝责任+风险。

2.4 项目管理的五大过程

项目管理是通过启动—计划—实施—控制—收尾五大过程来完成的。项目管理的五大过程被称为"项目管理生命周期"。

（1）启动

启动是指尽所有的努力把即将要开展的工作或任务的前提事项充分地准备好。例如，出国旅行前的护照、签证、现金等的准备，某生产企业开始正式大批量生产某产品前的现场准备工作等。

（2）计划

计划是指明确项目范围，优化目标，为实现目标制定行动方案的过程。计划可分为计划工作和计划形式。

① 计划工作。根据对组织外部环境与内部条件的分析，提出在未来一定时间内要达到的组织目标以及实现目标的方案途径，是针对整个项目而言。例如为了赶上项目工期，修改某部门的下月工作内容。

② 计划形式。用文字、图形和指标等形式表示的组织以及组织内不同部门和不同成员在未来一定时期内关于行动方向、内容和方式所做安排的管理文件。例如项目经理为某项目制作的资源图。

（3）实施

实施是指执行经过批准的计划，按照计划内所规定的 T、Q 和 C 的要求完成工作的最终目标。例如按照计划内的工艺要求、质量要求和年度产品成本要求完成一定数量的产品的生产。

（4）控制

控制是指通过不断地接收和交换企业的内外部信息，按照既定的计划指标和标准，调查、监督实际项目活动的执行情况，若发现偏差，及时找出主要原因，并根据环境条件的变化，果断采取调整措施，使项目能够按照计划进展，或适当修改计划，确保项目最终实现目标的一种管理手段。例如由于某种外部条件的变化导致项目要延期了，果断修改原有的进度计划以实现最终目标。

（5）收尾

收尾是指项目中所有计划内的工作、计划变更后的工作都已经全部完成，项目投资人和用户已验收，同时也得到政府相关部门的认可，项目经理还要完成项目过程、经验和教训的总结，并以文件的形式归入公司的档案系统中，为公司未来的项目提供必要的参考。

项目管理的五大过程是任何一个项目都要经历的程序和步骤，是项目执行的一个方向。

2.5
项目管理十大模块

（1）启动模块

定义一个新项目或现有项目的一个新阶段，并授权开始该项目或阶段。

（2）范围模块

确定项目内容的边界，不在项目工作内容边界内的工作不是项目的工作内容。

（3）进度模块

将项目目标分解后，确定项目中各种不同的工作（工作包）在项目中的实施顺序（关键路径），从而获得项目的总进度路线，提供项目以何种方式及何时在规定的项目范围内交付产品或服务的详细计划。

（4）质量模块

项目中各项具体工作（工作包）的质量标准或特需要求。

（5）成本模块

完成项目活动所需的资源成本，如人工费用和原材料费用等。

（6）人力资源模块

项目所需的全部人员称为项目的人力资源，项目中的人力资源分为管理人员、项目人员和支持人员。所有人员都应该在规定的岗位上按照项目的计划执行各项工作。

（7）风险模块

风险是指生产目的与劳动成果之间的不确定性。项目的风险在项目的计划、实施和控制中都有相应的应对工具。

（8）采购模块

项目中的有些工作需要购买公司外部的人力或物力才能完成，这种购买被称为采购。

（9）沟通模块

项目中管理人员、项目人员和支持人员之间通过会议、网络相互交换信息，以消除由理解偏差、目标模糊、工作方向偏离和跨部门协调不顺所产生的问题。

（10）变更模块

项目在时间、质量和成本上，由于各种原因造成原计划失效，进而重新制订计划的一种工作称为变更。

十大模块是从另一个角度（项目的全部内容）去看项目的一种模型。项目的五大过程是一种过程，十大模块是项目的全部内容。多角度看项目会帮助项目经理对项目有一个全面的了解。

2.6 项目管理的理论解释

我们知道所有理论的基础都来自哲学，社会是随着科学技术的不断发展而进步的，那么我们就可以追根溯源到哲学，对项目管理进行进一步的理解。

当哲学界开始讨论事物发展的必然性和偶然性的时候，出现了两种完全相反的结论。一种是世间万物中只有必然性，没有偶然性。因为月亮围着地球转，地球围着太阳转，永远不会改变。另一种是世间万物中同时存在着必然性和偶然性。因为每一个必然性中都或多或少地隐藏着偶然性。一个已经很成熟的生产工艺流程里或多或少会隐藏着某些缺陷有待人们去发现。反过来，在人们记录的大数据中可以发现，很多个偶然性如果形成了某种规律，那么这些偶然性就会形成一种新的必然性。例如，某一个看似很成熟的生产工艺流程，如果到某一个工艺点的时候都会发生几乎相同的质量问题，有经验的生产管理人员就会得出结论，这个工艺点一定存在缺陷。哲学界的这场争论最后以必然性和偶然性同时存在于世间万物之中而定论。

哲学有了结论，科学家马上就跟进了，为必然性提供了永远不会改变的各种静态的、普遍的计算公式，例如物理学中的牛顿第二定律、数学中的各种计算公式等。同时科学家为偶然性提供了可为一次性做计算的各种动态的计算公式，如求导数、计算微积分等。

最后管理学家把平时工作和生活中所得到的数据带入科学家的各种公式中进行计算，并将经过计算得到的结果应用到实际的工作和生活中：把静态计算结果应用到执行管理中；把动态计算结果应用到项目管理中。

哲学家发现了某种规律的存在而得出结论——精准定论；科学家为某种存在的规律提供计算（实验）的方法及结果——定性及定量；管理学家将经过科学计算（实验）的结果应用到实际的工作和生活中——实践应用。详见图2-1。

图2-1　哲学、科学和管理学之间的关系

2.7 项目说明书的编写

2.7.1 编写项目说明书的原因

项目说明书（project statement book，PSB）的编写基于项目投资人和项目用户的需求，以及法律法规对这些需求的限制。有能力的项目经理会将所有需求和法规限制集中起来，按照项目管理的方法建立项目的最终目标，然后确定为了达成这个目标，应该做好哪些准备工作。项目说明书的内容是对项目做一个总体描述，其目的就是向投资人证明，项目经理是有能力完成这个项目的。

假设某项目经理接到公司高层领导的通知，要求其完成一个项目，高层领导（投资人）将项目的用户需求和公司对项目的要求以文本的形式交给了该项目经理，并要求项目经理在两天的时间内完成对项目的总体描述并形成文件交给公司高层领导。该项目经理接下来要做的工作就是编写 PSB。了解了公司高层领导和项目用户的需求，项目经理首先要甄别是否所有的需求都符合法规，然后根据要求在规定时间内完成对项目的总体描述。编写项目说明书的原因如图 2-2 所示。

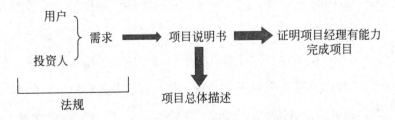

图 2-2　编写项目说明书的原因

2.7.2 项目说明书的主体结构

PSB 的主体结构是三个"硬件"指标和两个"软件"指标。项目经理接到项目后，需根据自己的工作经验和知识储备，将项目中的三个"硬件"——T、Q、C描述出来，再将两个"软件"——风险和沟通也描述出来。

> 项目说明书是考核项目经理能力的第一道关口。

2.7.3 项目说明书的内容

① 项目产生的背景。项目的来源，是企业外部需求还是内部需求。

② 项目的内容。需要做哪些阶段性的工作。

③ 项目名称。由项目中的"动作""对象""范围"组成。例如，某著名家用电器制造公司要向市场推出一款新型的大容量双开门电冰箱，这是一个很大的新产品开发项目。对这个项目负责的人是项目总监，对于项目总监，项目名称是：负责新款大容量双开门电冰箱的开发并及时推向市场。很显然，该项目总监的项目动作是"负责开发"和"负责推向市场"，对象是"电冰箱"，范围是"大容量双开门"。如果这位项目总监把此项目中的"技术设计"部分安排给公司研发部门的一位技术工程师来完成，那么对于这位技术工程师，项目名称就是：负责新款大容量双开门电冰箱的技术设计。这位技术工程师的项目动作是"负责技术设计"，对象是"电冰箱"，范围是"大容量双开门"。如果这位技术工程师又将其中的"电气设计"部分，安排给一位电气工程师来完成，那么这位电气工程师的项目名称是：负责新款大容量双开门电冰箱的电气设计。这位电气工程师的项目动作是"负责电气设计"，对象是"电冰箱"，范围是"大容量双开门"。任何一个大型项目都是这样一级一级地向下分解的，这种分解的依据是从属逻辑（详见4.1.1 工作分解结构图）。分解得越向下，就越靠近执行管理的依据（标准、流程、工艺、规范和制度）。

例如，上文案例中负责电冰箱电气设计的工程师就会按照冰箱电气标准和规范来进行设计。

④ 项目的日历化工期（T）。项目开始和结束的日历时间，即某年某月某日开始到某年某月某日结束。

⑤ 项目的质量标准（Q）。标准编号（若项目按照执行管理相关标准完成）或特需内容（若项目为非标项目或特需项目）。

⑥ 项目的成本（C）。项目所需要的总费用。投资人称之为预算，项目经理称之为成本，项目的财务人员称之为计划值（planned value，PV）。

⑦ 项目的风险。从项目开始到结束风险一直存在，项目风险防不胜防。在项目管理中，项目经理对项目中的风险要有预见能力。

⑧ 项目的利害相关者（stakeholders）。分为两种"对立"的人群：对项目有支持行为的人或组织，称之为利；对项目有限制行为的人或组织，称之为害。两种人群合起来，为利害相关者（2000年以前称为"干系人"）。

> 项目经理在项目启动阶段的主要沟通对象是：
> a.项目的投资人；
> b.项目的用户；
> c.对项目有"限制"行为的人或组织。
> 沟通能力是项目经理的首要能力！

2.8 项目管理的组织形式

项目管理的组织形式如图2-3所示。

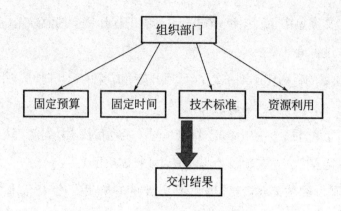

图 2-3　项目管理的组织形式

① 企业要为项目单独成立一个临时性的组织部门。

② 确定项目中的 T、Q、C。

③ 配备其他的资源。公司内部的设备和设施、人力资源、办公用品等；公司外部的人力、物力和各种支持等。

④ 如果项目有特殊技术需求或项目经理的管理能力不够，还需聘请公司内部或外部的专家进行咨询。

⑤ 超大型项目如果需要筹措资金，那么银行也就成为项目资源的一部分。

— |2.9| —
项目的质量标准

项目的质量标准如图 2-4 所示。

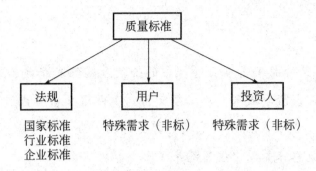

图 2-4 项目的质量标准

① 在法规的范围内，根据项目交付物的特征确定需要使用哪些标准来制造交付物。

② 在法规的范围内，衡量用户和投资人的非标需求，确定有能力按照用户和投资人的非标需求来完成交付物。

2.10 项目的交付系统

项目的交付系统如图 2-5 所示。

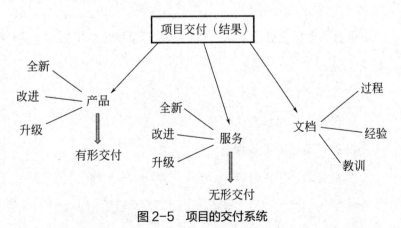

图 2-5 项目的交付系统

解释

① 可交付成果是项目管理中的阶段或最终交付物，是为完成某一个过程、阶段或项目而必须交付到项目用户手中的独特、可验证的产品、成果或服务。完成全部交付物（成果），得到项目用户的满意，就意味着整个项目结束了。

② 看得见的交付称为"有形交付"，产品类的交付都是看得见的有形交付，例如电视机、家具、房子等产品的交付；看不见的交付称为"无形交付"，服务类产品的交付都是看不见的无形交付。

③ 若企业每年的项目数量比较多，项目范围较小，项目的技术较简单，这些项目基本上都是改进和升级类的项目。例如，老产品经过多年的使用，需要根据用户和市场的需求，进行改进或升级。

④ 若企业每年的项目数量比较少，项目范围较大，项目的技术较复杂，这些项目大多是全新产品的研发。例如新款手机的研发、新建筑的建造等。

⑤ 项目的过程、经验和教训（尤其是教训）都必须在项目实施过程中由项目经理做详细的记录，形成规范的文档。项目完成后项目经理完成这三项文档的归档，此时项目才算真正结束。

企业的项目在启动之前，项目经理必须按照以下顺序完成相关工作：

① 编写项目说明书；

② 建立项目组织形式；

③ 确定项目的质量标准；

④ 确定项目的交付物。

2.11 项目管理中的三大管理方法

管理学中有非常著名的三大管理方法。

2.11.1 标杆类比法

标杆类比法如图 2-6 所示。

图 2-6 标杆类比法示意图

> 第一步

接到一个项目，理解了投资人和用户对项目的各种要求后，首先要在公司历年完成的各种项目中找出与现在项目类似的项目（要么技术类似，要么规格类似，要么产品类似）。如果类似的已完成项目有很多个，需要继续再找出其中较成功的项目（这些项目的 T、Q、C 都在计划之内），最后在这些成功项目中找出一个具有优势的项目，这个项目要么 T 比其他成功项目都短，要么 Q 比其他成功项目都好，要么 C 比其他成功项目都低。T、Q、C 中只要有一个比其他项目好，这个项目就具有优势。

这个公司内部的、已经完成的、与当前新项目类似的、成功的且具有优势的项目就是新项目的标杆。

> 标杆必须同时具备类似、成功和优势三个条件,缺一不可。

第二步

找到标杆项目后,还需要计算出标杆项目与现在手中项目的差距的比例系数。

假设甲于1998年在上海买了一栋125平方米的公寓,并顺利地完成了装修。乙于2018年在其居住的某城市买了一栋130平方米的公寓。两栋公寓结构类似,面积也差不多,甲和乙是老同学,对住房装修的要求基本相同。

甲公寓的各种基本条件都已经符合了标杆的要求,于是,乙向甲表明:我新房的装修要参照你的房子的装修情况来进行。也就是说,乙要把甲的装修作为自己新房装修的标杆。因此甲就把1998年附有各种材料价格的装修材料清单和装修方案设计图一起发给了乙。

甲发给乙的1998年的装修方案如下。

① 装修工期(T):1.5个月。

② 装修设计标准(Q):参照甲和当时设计师共同确认的图纸和施工工艺。

③ 装修材料价格(C_1):14.5万元,具体参照装修材料清单上的分项价格。

④ 装修人工价格(C_2):1.5万元。

拿到甲的装修方案后,乙开始去装修材料市场寻找装修材料清单中的各种装修材料并进行价格比较。经过计算,乙列出一张表格,如表2-1所示。

表 2-1 两次装修材料的价格及其差价比例系数

材料名	1998 年装修材料清单中价格	2018 年市场价格	20 年间差价比例系数（"+"上涨，"-"下降）
瓷砖	……	……	+90%
实木地板	……	……	+120%
油漆	……	……	+150%
厨柜	……	……	+97%
卫浴	……	……	+95%
家用电器	……	……	-40%
各类管道线缆	……	……	+90%
……	……	……	……
……	……	……	……

注：表中所列差价比例系数为假设数据。

如果材料清单中有 100 项不同的装修材料，那么就会产生 100 个价格的差价比例系数，把这 100 个差价比例系数全部加起来（"+"的相加，"-"的相减），再除以 100，假设结果是 +86%，这个系数的意义是 20 年间（1998—2018 年）这 100 项建材的平均涨幅是 86%。

那么根据甲在 1998 年的装修材料价格清单、设计图及施工工艺，乙估算出自己 2018 年的装修情况。

（1）装修工期 T

$$1.5 \text{ 月} \times (1-0.3) = 1 \text{ 月}$$

式中，1.5 月为甲 1998 年的工期；-0.3 为乙根据 20 年间施工工艺的进步估算出的工期差距系数。

（2）装修设计和施工标准 Q

结合乙的个性化要求和新房的特殊规格，在甲提供的设计方案基础上进行了修改的专用于乙新房的装修方案的图纸和施工工艺。

（3）装修成本 C

2018 年装修材料的参考费用为：

$$14.5 \text{ 万元} \times (1+86\%) = 26.97 \text{ 万元} \approx 27 \text{ 万元}$$

2018年人工的参考费用为：

$$1.5 万元 \times (1+9) = 15 万元$$

式中，86%为20年间装修材料价格的平均涨幅系数；9为20年间人工费用的平均涨幅系数。

这样乙在很短的时间内，轻松地获得了他这次新房装修的估算成本（材料费和人工费总和）：27万元+15万元=42万元。

> 根据历史项目的 T、Q、C，利用差距系数估算出符合目前情况的数字。这些数字虽然不是很精确，但也"八九不离十"，至少可以让项目经理心里有个底，很快获得现在项目 T、Q、C 的参考值。

2.11.2 历史记录法

历史记录法是指按照产品或服务的发展顺序和历史事实来对该产品或服务的某些方面进行预测的方法，也就是通常所说的实证方法。这种方法的优点是避免了个人判断的随意性和主观性，通过对在不同时间记录下来的各种历史数据进行分析后，得出相对客观的结论。也就是当今大数据时代人们所提倡的从"海量"数据中得到准确信息的一个过程。

这个从数据到信息的过程大量应用了数理统计的方法，去除了具有离散性（随意性和主观性）的数据，留下了代表共同原因和规律的集群数据。这些具有集群性的数据被定义为"信息"，在这些信息中可以找到标杆，然后使用上文介绍过的标杆类比法对项目作出初步的估算和判断。

> 没有图表，就不知道市场在哪里，
> 没有数字，就不知道用户在哪里。

2.11.3 专家咨询法

除上述两个方法外，还可以采用"专家咨询法"来对项目进行估算。在项目管理中请按照以下科学的思维来有针对性地选择专家。

① 如果你的项目选择了五位咨询专家，必须做到专家与专家之间"背靠背"，也就是说这五位专家不能同时参加同一个咨询会议，只能一个一个分别参加同一个内容的咨询会议。

② 专家姓名必须保密，专家之间不能互相知道姓名。

只有做到上述两点，项目的咨询会议才能消除掉人为因素造成的偏差。设想一下，某个重大项目的专家咨询会议，如果聘请的专家中有一位是大家都知道的中国科学院的著名院士，那么其他专家在开会时可能就会"沉默寡言"了。这对这次专家咨询会议的效果就有可能会产生负面影响，会议达不到预期效果，使项目组受损失。

这种"背靠背"和"匿名"的咨询方法被称为德尔菲法或专家调查法。德尔菲法的特征包括：吸收不同的专家参与预测，充分利用了专家的经验和学识；采用"匿名"或"背靠背"的方式，能使每一位专家独立地做出自己的判断，不会受到其他因素的影响；预测过程必须经过几轮的反馈，使专家的意见逐渐趋同。德尔菲法的优点主要是简便易行，具有一定的科学性和实用性，可以避免会议讨论时产生的害怕权威、随声附和、固执己见或因顾虑情面不愿与他人意见冲突等弊病。这种方法同时也可以使大家发表的意见较快收敛，使参与专家易于接受结论，具有一定的客观性。

有的时候，现场的情况不能满足"背靠背"或"匿名"的要求，该怎么办呢？回忆一下奥运会上的跳水比赛，7位裁判员为运动员打分，然后去掉1个最高分，去掉1个最低分，利用中间5个得分得出最终的权威性评分。在不能使用德尔菲法的情况下可以利用这样的方法降低人为因素带来的负面影响。

管理学中的三大管理方法（也被称为三大估算方法）是项目经理必

须掌握的工作方法，这三个管理方法要求项目经理具备丰富的工作经验，这样，项目经理的大脑内存中才会有大量的"标杆""历史记录""专家信息"。当项目经理在工作中遇到困难时，便能自然而然地将三大管理方法应用到实际的工作中去。三大管理方法的示意图如图 2-7 所示。

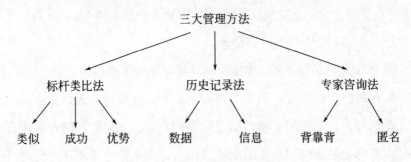

图 2-7　三大管理方法示意图

2.12 项目生命周期

项目生命周期如图 2-8 所示。

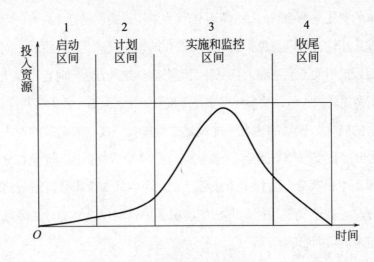

图 2-8　项目生命周期

解释

① 从图中可以看出项目生命周期分为五大过程，这五大过程分布在四大区间内。

② 启动和计划过程是资源消耗从少到多逐步增大的两个区间。

③ 实施和监控过程是资源消耗到达顶峰的一个大区间。

④ 收尾过程是资源消耗从多到少直至为零的一个区间。

2.13 项目管理的三大层面

项目管理的三大层面包括项目投资人、项目经理和项目执行人，如图 2-9 所示。

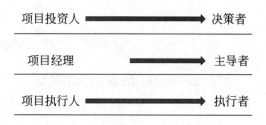

图 2-9　项目管理三大层面

解释

① 项目投资人。对一个项目是否正式立项做出最后决定的人。

② 项目经理。对一个项目进行"启动—计划—实施—监控—收尾"的人。

③ 项目执行人。按照项目经理制定的计划，实施整个项目的人。

世界上不管什么项目一定都是从大到小、从粗到细、从上到下的一个过程。用项目管理的学术用语表达就是从"最终目标"到"阶段目标"再到"工作包"的一个分解过程，这个过程被称为工作分解结构（work breakdown structure，WBS），工作分解结构相关内容将在 4.1.1 小节中详细介绍。

2.14 项目经理的工作内容及能力特点

2.14.1 项目经理的递进式工作线路

项目经理的递进式工作线路如图 2-10 所示。

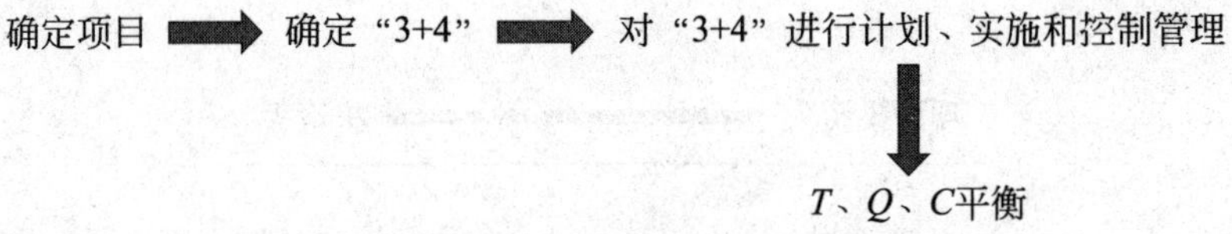

确定项目 ➡ 确定"3+4" ➡ 对"3+4"进行计划、实施和控制管理
⬇
T、Q、C 平衡

图 2-10　项目经理的递进式工作线路

解释

① "3 + 4"是指项目中含有 T、Q、C、人力资源、风险、采购和沟通七大要素。

② T、Q、C 被定义为项目的三大直接要素。

③ 人力资源、风险、采购、沟通被定义为项目的四大间接要素。

④ 项目经理通过对七大要素进行计划、实施和控制管理，使项目中的 T、Q、C 达到平衡。

2.14.2 项目经理的 T、Q、C 平衡

一般来说,管理者都希望项目完成的时间要短,完成的成本要低,完成后的质量要好。可是,鱼和熊掌不可兼得,项目中的 T、Q、C 三要素是相互制约的,必须找到一个平衡点,才能让三要素平衡。项目管理工作体现在对 T、Q、C 的管理和控制上,即在一定的资源条件约束下,实现对 T、Q、C 的最优化控制。有的项目更重视 T,那么 Q 和 C 就会给 T "让步",同样有的项目 Q 更重要,那么其 T 和 C 也会给 Q "让步"。一个成熟的项目经理应拥有对项目的 T、Q、C 进行不断平衡的能力。

> 项目管理是需求与资源不断相互平衡的一个过程。

2.14.3 项目经理的能力特点

项目经理的能力特点如图 2-11 所示。

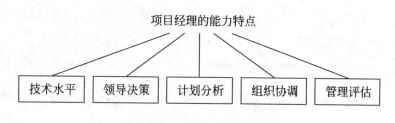

图 2-11 项目经理的能力特点

① 技术水平只占项目经理全部能力的 20%~30%。

② 由于项目经理对项目负全部责任,所以是个完全的领导者、决策者,需具有领导、决策能力。

③ 项目的"五图二表"是在项目经理的主导下,经过分析做出的计划。项目经理应具备足够的计划、分析能力。

④ 项目经理需组织项目相关人员进行跨部门协调工作,需具备一定

的组织、协调能力。

⑤ 在项目实施和控制过程中，项目经理既是管理者又是评估人，因此项目经理需具备一定的管理能力和评估能力。

站在管理学的角度上来定义：项目经理不仅是技术人才，更是一个统筹管理人才。项目经理的统筹管理能力如图2-12所示。

图2-12　项目经理的统筹管理能力

> 个性上喜欢抱怨"计划不如变化快"的人，只适合进行执行管理，不适合进行项目管理。项目经理与生俱来的个性就是"喜欢变化"。世界上20%的人在管理着80%的人，项目经理就是这20%的人。

可以通过轮训的方法培养项目经理的能力，如图2-13所示。

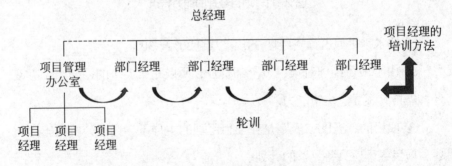

图2-13　项目经理的培训方法

每个项目经理都必须参加跨部门轮训（在每个部门至少参加培训3个月），目的是让每一位项目经理都能够熟悉公司内部每一个部门的工作内容，熟悉各部门的人员情况，知晓各部门人员的不同特长和工作经验，使今后有能力为特定项目选定符合项目需求的最适合此项目的部门人员。轮训可以为公司有计划地培养一批复合型人才。

2.15 项目经理的沟通

2.15.1 沟通模型

沟通能力对于一个项目经理来说非常重要，沟通模型如图 2-14 所示。

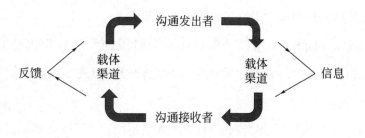

图 2-14　沟通模型

解释

① 项目的沟通是个封闭的圆。

② 由圆内的沟通发出者发出信息。

③ 由圆内的沟通接收者接收信息。

④ 圆内的沟通接收者将自己的反馈意见返还给沟通发出者。

⑤ 没有反馈的沟通不能被称为沟通。

2.15.2 沟通范围的计算

沟通的计算公式为

$$项目中的沟通 = \frac{N(N-1)}{2}$$

式中，N 为项目中所有管理人员、项目成员和支持人员的人数（包括外单位相关人员）。

例如，参与项目的人数为 10，根据公式有 10×(10-1)/2=45。也就是说，这个项目的沟通路线一共有 45 条。发出信息给有直接关联的接收者就是直接路线。

上述公式适用于任何项目的沟通计算。

2.15.3 项目经理的沟通对象——利害相关者

项目经理的主要沟通对象为：项目的投资人，项目的用户，在项目的各个阶段中对项目有"限制"行为的人或组织。

由于项目的动态特性，项目在不同阶段的沟通对象也是动态的（可变的），因此，管理学家在项目沟通管理中引进了"利害相关者"（stakeholder）的概念：

"利"——对项目有"支持"行为的人或组织；"害"——对项目有"限制"行为的人或组织。

随着项目的进展，"支持"（利）和"限制"（害）的人员或组织也会随项目的变化而改变。简单地说，假设有个人在项目某个阶段是"支持者"，到了项目的另一个阶段，由于情况发生变化，这个人可能就会转为"限制者"了。

2.15.4 项目经理在沟通协调工作中的工具

俗话说"工欲善其事，必先利其器"，拥有良好的工具是完成任何工作的前提。下面介绍在项目管理中常用的三个沟通表格。

（1）与对项目有"限制"行为的人或组织进行沟通的沟通表格（表2-2）。

表2-2　xxx项目利害相关者（"限制"）沟通表格

编号	内容	"限制"人员或组织名	"限制"内容	"限制"人员或组织的属性	何种许可证	需要项目经理配合的内容	在项目哪个阶段会转换成"支持"
阶段1		1.					
		2.					
		3.					
		4.					
阶段2		1.					
		2.					
		3.					
		4.					
阶段3		1.					
		2.					
		3.					

解释

① 对项目有"限制"行为的人或组织主要分为两部分人员。企业内部：各种管理部门、安全部门等对某件事有批准权的人员。企业外部：代表政府部门对法规的执行进行审核、批准的人员。

② 与对项目的计划、实施、控制及收尾具有"限制"权力的有关人员和组织及时沟通是项目顺利进展的关键。

③ 项目经理在沟通前，必须先了解对项目有"限制"的法律法规条款或文件内容。

④ 然后开始制定能够满足这些"限制"条款和内容的方案。

⑤ 最后将满足"限制"条款和内容的方案提交审核人员进行进一步沟通。

（2）项目启动会议前的沟通表格（表2-3）

表2-3 项目启动会议前沟通明细表

项目名称：　　　　会议内容：　　　　日期：

编号	出席人员姓名	部门	职务/职称	在项目中的职责和角色	
1					
2					
3					
编号	旁听人员姓名	部门	职务/职称	在本项目中的作用	
1					
2					
编号	会议记录人姓名	部门	职务/职称	在本项目中的作用	
1					
2					
编号	会议发言人姓名	部门	职务/职称	在项目中的职责和角色	发言内容摘要
1					
2					

解释

① 此表主要用于项目启动会议前的准备。

② 此表的作用为：在启动会议前加强参与项目的管理团队、项目成员和项目支持（包括外包单位）之间的相互了解。

（3）项目在实施和控制过程中使用的会议记录表格（表2-4）

表2-4 项目协调会议记录表

项目名称：			时间： 年 月 日	
发言人姓名：				
内容：				
需要以下部门配合	配合内容	对配合人员的技术要求	要求配合的时间	备注
1.				
2.				
3.				

以上三个表格（表2-2、表2-3和表2-4）是项目在各个阶段中由于沟通协调所需而设计的，读者也可以根据自身公司的文化、制度和管理上的不同要求进行修改和补充。

2.16
建立企业内部跨部门协调制度

2.16.1 跨部门协调的重要性

绝大多数的企业都采用垂直化的管理模式，如图2-15所示。项目是一个由各种不同技术集成起来的平台，需要从公司内部的各部门抽调不同技术的工程师或业务人员临时性地一起完成一个一次性的工作。这样，项目管理的跨部门协调管理模式便对企业垂直型的管理模式提出了巨大的挑战。这种挑战一直困惑着企业的高层管理者，直至今天，跨部门协调在项目管理中还是一个很让人头痛的问题。

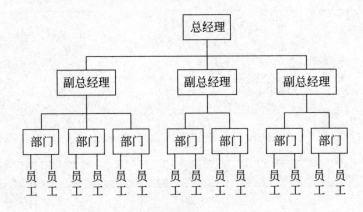

图 2-15　垂直化管理模式

要解决此问题，最重要的是要看清问题的本质，找到问题的源头，那就是大多数企业的高层管理者没有建立企业内部的跨部门协调管理机制。只要建立这种跨部门协调管理机制并要求全体员工都能够按照机制中的规定来执行，那么在企业执行项目时，曾经最让高层管理者头痛的跨部门协调就不会再让他头痛了。

2.16.2　建立项目管理办公室的必要性

随着产品升级换代的周期越来越短，企业在新产品研发上的投入也越来越多，企业的项目数量也越来越多。很多企业，依赖原有的垂直型管理已经不能满足市场中客户日益增长的对产品升级换代的需求，企业在项目管理上遇到了瓶颈，需要靠改变垂直的执行管理、采用水平的项目管理来解决。传统的垂直型管理模式如图 2-16 所示。

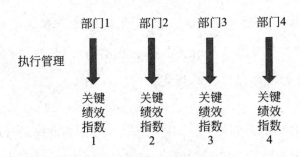

图 2-16 传统的垂直型管理模式

解释

① 每个部门都确定了相应的执行范围。

② 每个部门都有若干个执行规定。

③ 每个部门都设置了用来衡量整个部门或某一职工工作绩效表现的具体量化指标——关键绩效指标（KPI）。

④ 如果某个规定不符合项目用户的特需要求，没有人被允许对规定进行改进。

⑤ 执行规定的人不知道这些规定的来源和依据。

项目水平型的管理模式如图 2-17 所示。

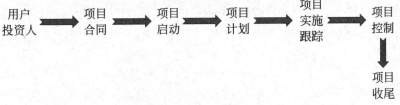

图 2-17 项目水平型的管理模式

解释

① 一个项目不是公司内部一个部门或几个部门能够单独完成的，有时需要几个部门协作完成，有时还需要外部公司的加入。

② 项目需要相关部门的相应人员参与，对参与人员的要求是能够熟练掌握项目所需的相关技术，熟悉项目管理的特征，能够遵守企业内部的跨部门协作的规定。

由于管理中的方向不一样，目前国内大多数企业在同时进行垂直型的执行管理和水平型的项目管理时遇到管理上的困难：项目中的各项工作由企业内部各部门人员或外单位人员协作完成，项目经理对他们进行管理；但这些项目执行者还有各自的日常工作，他们的部门经理来管理他们的日常工作。项目管理和执行管理经常发生冲突。为了解决这个问题，让企业能够满足市场不断变化的需求，企业建立项目管理办公室（project management office，PMO）是非常必要的。

> 建立PMO及其管理机制是解决企业"跨部门协调"的前提。

2.16.3 项目管理办公室的建立

为了能够快速、准确、合理地从各个部门中抽调相应的人员来共同完成项目中的各项工作，使得项目中所需要的各类技术人员和业务人员能够及时在项目中发挥作用，而且不会影响公司各个部门平时的执行工作，必须给原有的垂直型组织架构做一个"小手术"。"手术"后的公司组织架构图如图2-18所示。

解释

① 在公司原有的组织架构图旁再增加一个PMO（虚线）。

② 根据企业项目的数量和规模的不同，挑选或招聘相应数量的项目经理，如图2-18中的项目经理1、项目经理2、项目经理3。

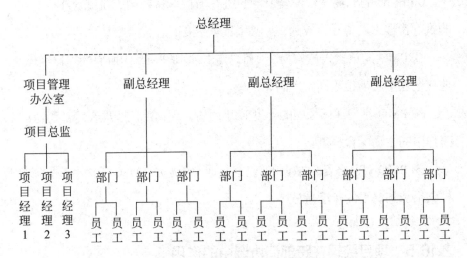

图 2-18 "手术"后的公司组织架构图

③ 管理项目经理的经理被称为 PMO 主任或项目总监（project superviser，PS）。PS 在公司的职位等同于公司的副总经理（比总经理低半级，比部门经理高半级）。

④ 当项目经理需要召集各个部门的人力资源参与项目时，需填写跨部门协调申请表，并将其呈交给项目总监，项目总监根据申请表上的内容，与各个部门经理进行沟通。

⑤ 因为项目总监在公司的职位比各个部门的经理高半级，所以沟通协调的成功率要比项目经理自己去沟通高很多。

⑥ 经过项目总监的沟通协调后，在项目执行期间，由 PMO 的项目经理直接管理从各个部门召集来参与项目的各类成员和支持人员。

2.16.4　项目管理办公室的职能特点

① PMO 是企业组织架构中唯一从事跨部门协调工作的部门。

② PMO 的职能是管理全公司的所有项目，将公司的项目管理从公司的执行管理中剥离开，成为一个独立的职能部门。

③ PMO 的负责人被称为"项目总监"，管理 PMO 中所有的项目经理，他在企业中的地位等同于"副总经理"。

④ PMO 参与部门经理的年度 KPI 评估，评估部门经理在跨部门协调工作中的主动配合程度。

⑤ PMO 对从各部门抽调的人员（项目成员）进行项目绩效考核，考核结果加到员工的年度考核中。

2.16.5 项目经理在跨部门协调中的作用

在介绍项目经理在跨部门协调中的作用前，先介绍一下项目中的三大角色。

① 项目管理团队。由投资人指定，在项目中的职责是"管"（管理），其具体定义是：从项目开始到项目结束期间的全部工作时间都用在项目上的人员。

② 项目成员。由管理团队选定，在项目中的职责是"做"（执行），其具体定义是轮到了才到项目中来完成项目中的一部分工作，工作结束后马上回到原来的部门（公司内部成员）或原来的公司（公司外部成员）。

③ 项目支持。由管理团队选定的公司内、外部的技术和管理专家，在项目中的职责是"做"（服务）。由于项目技术难度较高或管理起来难度较大，此时需要聘请相关技术、管理专家对项目提供支持。

项目经理在跨部门协调中的作用体现在横向沟通和将工作内容进行分解两个方面。

2.16.5.1 横向沟通

横向沟通是指项目经理与各个部门进行跨部门沟通,它是项目经理工作内容中的重要一部分,如图2-19所示。

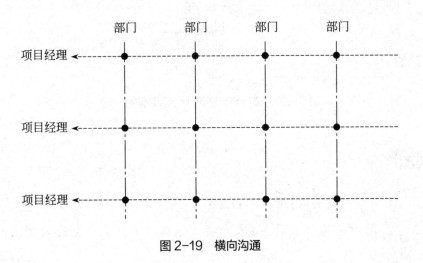

图 2-19 横向沟通

解释

① 图中的圆点表示项目成员。项目在计划和实施中,项目经理从各个不同部门抽调不同的人员到项目中来完成项目中的不同工作。

② 由管理团队中的项目经理通过公司规定的跨部门协调工具,向PMO提出申请,将公司各部门的相关人员抽调到项目中。

③ 项目型公司的组织架构图由于项目的水平型管理的需要看上去像网状结构。

2.16.5.2 分解工作内容

分解工作内容是指项目经理通过将工作内容进行分解从而将两个部门联结在一起,如图2-20所示。

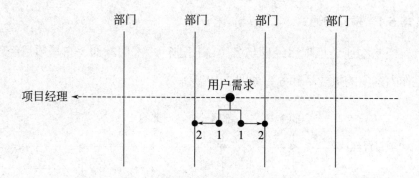

图 2-20 项目经理把两个部门联结在一起

① 图中的大圆点表示客户的需求,它的内容与公司中两个部门相关。

② 图中的两个小圆点 1 表示项目经理将客户需求内容按技术的不同进行了分解。

③ 图中在两个不同部门线上的两个小圆点 2 表示项目经理将符合部门技术特性的内容分配给两个部门的相关人员来完成。

> 项目经理的工作特性:
> 沟通+协调+跟踪+控制 = 统筹管理

2.16.6 跨部门协调申请表

建立企业内部跨部门协调的机制需要项目经理通过跨部门协调申请表(cross-function coordination application,CFCA)向各部门申请所需人员。CFCA 如表 2-5 所示。

表2-5 跨部门协调申请表

编号	项目名称	所需人员部门及项目角色	所需人员岗位及数量	工作包内容及工时	预计使用日期	申请人（项目经理签名）	部门经理审批（部门经理签名）	高层领导审批（负责项目的高层领导签名）
1	……	财务部支持	成本控制会计1人	制作成本控制表1天	……			
2	……	工程部成员	电气工程师1人	安装某设备8天	……			
3	……	……	……	……				
4	……	……	……	……				

① 项目名称：PSB中的项目名称和编号。

② 所需人员部门及项目角色：项目所需成员或支持所属的部门。

③ 所需人员岗位及数量：项目所需成员和支持人员相应的工作岗位及所需人员数量。

④ 工作包内容及工时：项目所需成员和支持人员的工作包内容及工作总工时。

⑤ 预计使用日期：项目所需成员或支持人员在项目中的工作时间段。

⑥ 申请人：项目全权负责人——项目经理。

⑦ 部门经理审批：项目所需成员和支持人员所在部门的经理签名同意。

⑧ 高层领导审批：公司负责项目的高层领导签字批准。

2.16.7 项目经理的权力

2.16.7.1 对部门经理进行跨部门团队组建考核

项目经理对部门经理进行跨部门团队组建考核，如图 2-21 所示。

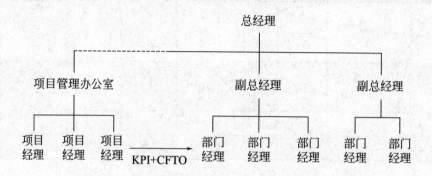

图 2-21 项目经理对部门经理进行跨部门团队组建考核

> 解释

① 在对部门经理进行原有的关键绩效指标 KPI 考核的基础上授权项目经理对部门经理进行项目所需的"跨部门团队组建"（cross-function team organization，CFTO）年度考核的权力。

② CFTO 考核对部门经理在公司项目中的跨部门协调工作具有一定的约束力。

③ CFTO 考核使项目经理在企业中的地位得到一定程度的提高。

④ CFTO 考核使项目经理在工作中的自信心和主动性都有很大的提升。

2.16.7.2 对项目成员进行工作绩效考核

项目经理对项目成员进行年度工作绩效考核，如图 2-22 所示。

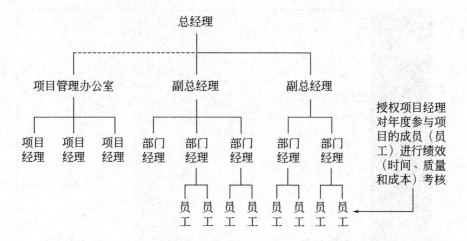

图 2-22 项目经理对参与项目的成员（员工）进行工作绩效考核

① 授权项目经理对每位参与项目的成员（来自各部门）进行项目业绩（T、Q、C）的年度考核。

② 这种考核可增强公司各职能部门的员工参与项目的积极性。

③ 每年项目绩效考核成绩最好的员工可以进入PMO成为项目经理。

④ 考核结果可以让公司的每一位员工看到自己未来职业生涯中能够获得提升的机会和希望。

2.16.7.3 项目经理对部门经理和项目成员的两种考核表

（1）跨部门团队组建考核评分表

项目经理在项目管理中对部门经理进行考核所需的跨部门团队组建考核评分表如表 2-6 所示。

（2）项目成员工作绩效表

项目经理在项目管理中对参与项目的各部门专业人员进行绩效考核所使用的表格如表 2-7 所示。

表 2-6 跨部门团队组建考核评分表

序号	项目名称和编号	部门	部门经理姓名	项目中工作包内容及编号	工作包起止时间	部门抽调人员姓名	人员出席情况（满分10分）
1						1. 2. 3. 4. 5. 6.	1. 规定时间到达　　5分 2. 规定人员到达　　2分 3. 没有人员早退　　2分 4. 对项目的关注度　1分 总分：
2						1. 2. 3. 4. 5. 6.	1. 规定时间到达　　5分 2. 规定人员到达　　2分 3. 没有人员早退　　2分 4. 对项目的关注度　1分 总分：
3						1. 2. 3. 4. 5. 6.	1. 规定时间到达　　5分 2. 规定人员到达　　2分 3. 没有人员早退　　2分 4. 对项目的关注度　1分 总分：

表 2-7 项目成员工作绩效表

序号	项目名称/编号	部门	人员姓名及职称	工作包内容/编号	工作包计划起止时间	工作包实际起止时间	工作包质量计划	工作包质量实际情况	工作包计划成本	工作包实际成本	工作包中的T、Q、C没有按计划完成情况说明	完成工作包考核评分（满分10分）
											T:_____ Q:_____ C:_____	1. 进度控制　3分 2. 质量控制　2分 3. 成本控制　2分 4. 准时到达和离开　1分 5. 与其他人员配合度　1分 6. 主动提出各种建议　1分 总分：_____
											T:_____ Q:_____ C:_____	1. 进度控制　3分 2. 质量控制　2分 3. 成本控制　2分 4. 准时到达和离开　1分 5. 与其他人员配合度　1分 6. 主动提出各种建议　1分 总分：_____
											T:_____ Q:_____ C:_____	1. 进度控制　3分 2. 质量控制　2分 3. 成本控制　2分 4. 准时到达和离开　1分 5. 与其他人员配合度　1分 6. 主动提出各种建议　1分 总分：_____

① 使用时，可以根据自身公司的文化、制度、产品技术和工作特性对上述两表格进行修改或增加内容。

② 只有具有PMO功能设置的公司才可以使用上述两表来进行考核和评分。

2.16.8 项目管理办公室的功能

PMO 功能总结参见图 2-23。

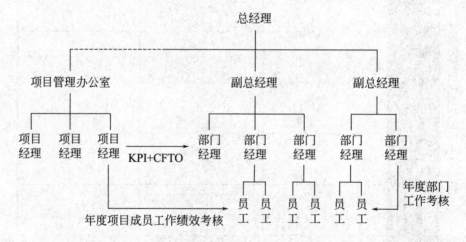

图 2-23 PMO 功能示意图

① 由总经理决定建立 PMO 并建立其制度，PMO 的经理被称为项目总监，在公司的级别类同副总经理。

② PMO 对每个部门经理在项目中对人力资源需求的配合度进行年度考核打分。

③ PMO 对每位来自不同部门的项目成员进行年度考核。

④ 对每个部门经理的 CFTO 考核及对项目中每个成员的考核由 PMO 中的项目经理来执行。

⑤ 对项目成员部门中的日常工作（非项目的工作）考核由项目成员的部门经理执行。

⑥ 对部门经理的 CFTO 考核以及对项目成员的考核都必须有具体的分数。

⑦ 不同公司可根据自身的文化、制度和特性来制定评分分值范围。

跨部门协调制度的建立和 PMO 职能的实施的目的是使企业能够适应项目管理的水平型特性，使企业的项目管理能力更上一层楼。

2.17 项目的市场化

2.17.1 项目属性分类

项目的属性分类如图 2-24 所示。

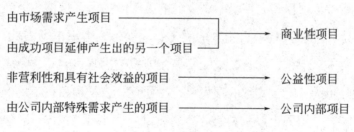

图 2-24 项目属性分类

解释

① 由企业经过周密的市场调研而产生的项目是商业性项目，具有利润。

② 由一个或几个成功项目延伸而产生的项目是商业性项目，具有利润。

③ 非营利性和具有社会效益的项目是公益性项目，没有利润。

④ 公司内部各种管理制度和流程的改进优化项目是公司内部项目，没有利润。

⑤ 公司内部设备和设施的改进或新增项目是公司内部项目，没有利润。

2.17.2 项目的可行性研究

项目的可行性研究是通过对项目的主要内容和相关情况（如市场需求、资源供应、建设规模、工艺路线、设备选型、环境影响、资金筹措、盈利能力等）从技术、经济、工程等方面进行调查研究和分析比较，并对项目建成以后可能取得的经济效益及社会影响进行预测，从而提出该项目是否值得投资和如何进行建设的咨询意见，是为项目决策提供依据的一种综合性的分析方法。可行性研究具有预见性、公正性、可靠性、科学性的特点。

判断一个项目（尤其是中、大型的工程类项目）是否会受到市场的欢迎，是否能够符合项目用户的需求，需要综合考虑市场需求、投资、财务、技术、组织、社会、风险等诸多方面的因素。因此，完成一个经过科学分析的、符合实际的项目可行性研究报告是项目在市场上被"定义"在哪一个层面上最重要的环节。项目可行性研究报告一般包括以下内容。

（1）投资必要性

主要根据市场调查及预测的结果，以及有关的产业政策等因素，论证项目投资建设的必要性。

（2）技术的可行性

主要从项目实施的技术角度合理设计技术方案，并进行比较、选择和评价。

（3）财务可行性

主要从项目投资者的角度设计合理的财务方案；从企业理财的角度进行资本预算，评价项目的财务盈利能力，做好投资决策；从融资主体（企业）的角度评价股东投资收益、现金流量计划及债务偿还能力。

（4）组织可行性

主要分析组织是否通过制定合理的项目实施进度计划、设计合理的组织机构、选择经验丰富的管理人员、建立良好的协作关系、制定合适的培训计划等，保证项目顺利执行。

（5）经济可行性

主要是从资源配置的角度来衡量项目的价值，评价项目在实现区域经济发展目标、有效配置经济资源、增加供应、创造就业、提高人民生活水平等方面的效益。

（6）社会可行性

主要分析项目对社会的影响，包括政治体制、方针政策、经济结构、法律道德、宗教信仰、妇女儿童及社会稳定性等。

（7）风险因素及对策

主要是对项目的市场风险、技术风险、财务风险、组织风险、法律风险、经济及社会风险等因素进行评价，制定规避风险的对策，为项目全过程的风险管理提供依据。

一个完善的、科学的、符合市场需求的项目可行性研究报告是项目能够在市场上获得成功的重要标志。

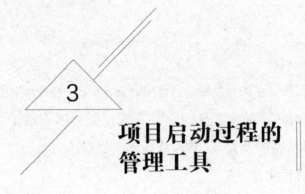

3 项目启动过程的管理工具

3.1 项目启动的流程

3.1.1 项目启动会议

项目启动会议的参会人员包括：

① 项目管理团队——项目总负责人、项目经理；

② 项目成员——执行项目中某一部分工作的人员（来自公司内、外部）；

③ 项目支持——项目咨询专家、项目技术和管理支持人员、公司高管。

以上三类人员必须全部参加项目启动会，在会议前和会议中全体人员必须完成以下工作。

① 确定项目的工作内容，也就是项目说明书中的项目名称（动作—对象—范围）。

② 按照项目用户和投资人的需求（注意需求不能违反法规），编写各自的项目说明书，最好做成 Word 版（作为文件呈送和归档）和 PPT 版（用于开会演讲）。

③ 正式开会时按照约定的顺序，每位项目经理上台用 PPT 介绍自己

的项目说明书，演讲过程中可以加入一些互动，适时询问听讲人员是否有疑问。

④ 其他听讲的项目经理可以提出自己的问题，要求演讲人员解答。

⑤ 会议结束前，每位项目经理需确保有能力制定自己未来项目的启动计划（二图一表，详见 3.2 至 3.4 节）。

⑥ 因为参会人员来自公司的不同部门，再加上有外单位的人员参加，参会人员彼此之间可能不是很熟悉，项目启动会议期间要注意加强参会人员相互间的沟通，使每个人都能了解其他人的工作内容。

3.1.2 确定每个项目的 T、Q 和 C

① 通过公司的 PMO 对每个项目的 T、Q、C 进行审核，如果发现有不妥之处，与项目经理商量沟通，修正项目说明书中的 T、Q、C 数值，目的是让这三个数值既没有很大的风险，又不是很保守。

② 确定了每个项目的 T、Q、C 后，就要开始制定项目启动的初步方案（二图一表）——阶段图（milestone），资源图（resource）及工作陈述表（statement of work，SOW）。

项目启动阶段中的二图一表（阶段图，资源图，工作陈述表），在非项目型公司中一般被称为项目的初步方案，在项目型公司被称为项目的立项报告（project report），在英、美等国家一般被称为框架计划（framework plan）。

3.1.3 项目启动的流程图

由于前面已经建立了很多关于项目管理的独特的思维导向，现在就可以开始用因果逻辑关系来思考项目是如何从零开始一直到结束的。

项目启动的流程图如图 3-1 所示。

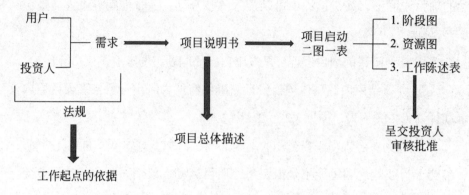

图 3-1 项目启动的流程图

① 任何项目的工作起点都是项目用户和投资人的需求。

② 用户和投资人的需求不能违反国家的法律和行业的规定，国家的法律和行业的规定是项目经理的工作依据。

③ 根据项目用户和投资人的需求以及相关法规，项目经理完成本项目的项目说明书（详见2.7节）。

④ 项目说明书的作用是体现项目经理具有对项目做一个总体描述的能力。

⑤ 项目说明书经公司负责此项目的高层领导审阅批准后，项目经理开始进行"二图一表"的编制及报批工作。

3.2 阶段图

所有项目都是由很多个不同的阶段组成的，不同阶段的内容是由实现最终目标的"过程"或"功能"来表示的。阶段图是表示一个项目所有工作阶段的图形，可以体现出整个项目的"宽度"（阶段越多，项目"宽度"越宽，从而项目也越大）。阶段图是后续项目管理中一系列图表（工具）的基础。

3.2.1 阶段图中的最终目标

项目的最终目标出自项目说明书中的项目名称（详见2.7节）。项目说明书中的项目名称到了正式图表中，被赋予了一个"高大上"的名称，叫作项目的"最终目标"。上一章已经讲过，项目名称是由"动作—对象—范围"组成，也就是说，项目的最终目标是由项目经理的动作，加上动作的对象，再加上这个对象的范围而组成的。

3.2.2 阶段图的内容

举一个简单的例子：假设某著名房地产公司要在某一线城市的中央商务区建造一栋35层的甲级办公楼，该公司的甲被任命为该项目的项目总监，对于他而言，该项目的最终目标是"建造一栋35层的甲级办公楼"。很容易看出，甲的动作是"建造"，对象是"甲级办公楼"，范围是"35层"。因此，项目总监甲的最终目标是：

> 建造一栋35层的甲级办公楼

有工程建造经验的人都知道，建筑设计公司在做基础设计前要先确定地质勘探公司，因此项目总监甲经过招标确定了某勘探公司和某建筑设计公司。

某勘探公司先做出一张以地基勘探为最终目标的阶段图，如图3-2所示。

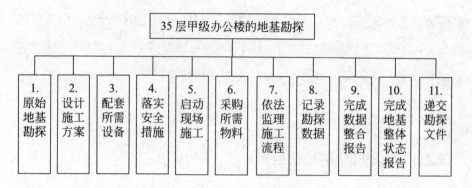

图 3-2 "35 层甲级办公楼的地基勘探"的阶段图（以过程作为阶段）

解释

① 这是一个很有代表性的用整个勘探的"过程"来表示如何完成最终目标的阶段图。

② 每一个小方块表示一个"过程"，也是一个"阶段"，同时是一个"里程碑"（milestone）。在项目管理上"里程碑"是学术用语，和项目经理口语中的"阶段"是一个意思。

③ 每一个过程与左右相邻的过程之间存在着一定的简单的（不是严格）顺序关系。

④ 过程与过程之间没有从属关系，也就是说，"设计施工方案"不从属于"原始地基勘探"，"原始地基勘探"也不从属于"配套所需设备"。每一过程都是一个完全的、相对独立的单元，这种过程在系统工程学中被称为"独立单元"。

⑤ 阶段内容不要使用口号型的、过于概括的词语，例如项目启动、项目计划、项目验收等。阶段内容应直接描述项目动作的主体，用词（包括使用英文的缩写）须简明扼要，不要多次重复使用相同的词语。

有的项目经理做出另外一种不一样的阶段图,如图3-3所示。

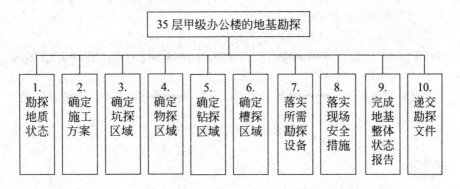

图3-3 "负责35层甲级办公楼的地基勘探"的阶段图(以功能作为阶段)

① 这是一个很有代表性的用整个勘探的"功能"来表示如何完成最终目标的阶段图。

② 每一个小方块表示一个"功能",也是一个"阶段",同时是一个"里程碑"。

③ 每一个功能与左右相邻过程之间不存在顺序关系。

④ 功能与功能之间没有从属关系,也就是说,"勘探地质状态"不从属于"确定施工方案","确定施工方案"也不从属于"确定坑探区域"。每一功能都是一个完整的独立模块。

> 任何项目的阶段要么是"过程内容",要么是"功能内容"。绝对不允许某一个项目的阶段内容,既有"过程内容",又有"功能内容"。

3.2.3　阶段图制作技巧

阶段图制作技巧如图3-4所示。

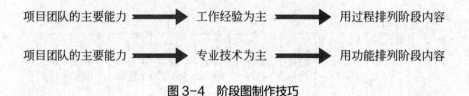

图3-4　阶段图制作技巧

> 解释

① 团队以管理能力为主，由具有丰富工作经验的项目经理组成，在制作阶段图时应以"过程"作为阶段，完成阶段图。

② 团队以技术或业务能力为主，由具有较高技术或业务能力的工程师或业务员组成，在制作阶段图时应以"功能"作为阶段，完成阶段图。

3.2.4　阶段图制作的注意事项

阶段图制作的注意事项有以下几点。

① 设立项目最终目标时，注意项目最终目标的格式为：动作—对象—范围。

② 确定是用"过程"（工作经验型）还是用"功能"（专业技术型）来排列项目的阶段。切记：阶段不是对最终目标进行分解，而是对最终目标进行排列，是从左到右一条线排列的"过程"或"功能"。

③ 如果选用"过程"作为阶段，请注意每个阶段的前后因果关系。

④ 从左到右，编写编号1、2、3……最后一个阶段是文档整理、归档。文档是在项目结束后由项目经理将工作中的经验和教训记录下来形成的文字形式的文件，需归入公司的档案中。

⑤ 两个不同的阶段内容需分开，每个阶段中的文字没有"和""与"

"以及"等连词,一个内容就是一个阶段。切记:不要把两个不同的内容用连词合并在同一个阶段中。

⑥ 两个不同的阶段动作需分开,每个阶段中的文字没有"和""与""以及"等连词,一个动作就是一个阶段。切记:不要把两个不同的动作用连词合并在同一个阶段中。

3.2.5 制造业中新产品研发项目的阶段图案例

[案例一]

以过程作为阶段(工作经验型)的新产品研发项目阶段图,如图3-5所示。

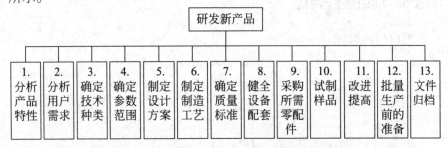

图3-5 以过程作为阶段(工作经验型)的新产品研发项目阶段图

[案例二]

以功能作为阶段(专业技术型)的新产品研发项目阶段图,如图3-6所示。

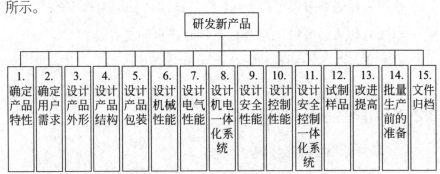

图3-6 以功能作为阶段(专业技术型)的新产品研发项目阶段图

解释

① 项目的最终目标（动作—对象—范围）确定后，如果项目团队中所有的项目经理对项目都有丰富的工作经验和实战能力，那么该项目的阶段就以"过程"的内容排列。

② 项目的最终目标（动作—对象—范围）确定后，如果项目团队中所有的项目经理都有高超的专业技术水平，那么该项目的阶段就以"功能"的内容排列。

3.2.6 项目最终目标

项目最终目标：

$$P = \sum_{i=1}^{n} P_i$$

式中，P_i 为项目阶段目标；P 为项目最终目标。

解释

① 项目的最终目标 P 是由 n 个阶段目标 P_i 叠加而形成的。

② 项目的最终目标也是项目最终的产出和交付物。

③ P_i 是项目各个阶段的具体工作内容。

3.2.7 阶段图的SMART评估

阶段图的 SMART 评估如图 3-7 所示。

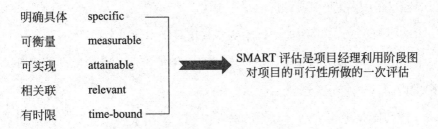

图 3-7 阶段图的 SMART 评估

① 明确具体：阶段图中不可以使用不确定的词语，例如可能、大概等。有能力知道的内容就写进去，没有能力知道的内容（不知道或不确定的内容）就空着不填，不能编造。

② 可衡量：图中所有的表示项目所需人力、物力和财力等的具体数字都是可衡量的，都应符合项目所属公司的实际情况，是项目所属公司有能力提供的。

③ 可实现：项目所需的各类人力资源的沟通能力、技术能力、管理能力、项目的财务能力和风险防控能力，都已具备。

④ 相关联：很多项目是在某一个地方设计，却到另外一个地方实施。比较典型的就是"一带一路"项目，在中国设计，实施地（也叫项目地）为国外。因此需对实施地的法律、法规、文化、宗教、生活习惯进行深入调研，这是项目正式启动前最重要的工作。

⑤ 有时限：阶段图中的所有工作内容都是有明确的时间限制的，需按进度计划完成。

前面已经讲过了，阶段图中不要使用口号型的词语，描述阶段的词语要直接切入主题，因此，必须做到以下几点。

① 图中尽量使用项目管理专业用语。

② 用词一定要简明扼要，不要多次重复使用同一个词语。

③ 内容一定要符合实际，实事求是，不能编造，尤其是有关项目风险的内容。

阶段图是项目启动过程中的第一张图，它看上去很简单，但是动手做起来却有一定难度。阶段图是项目迈出的里程碑式的第一步，所以阶段图是非常重要的。

3.3 资源图

阶段图的完成意味着项目经理在项目管理的启动阶段迈出了第一步，下面将开始走第二步，那就是制作项目所需的资源图（resource）。要做成任何一件事都离不开人力、物力和财力，一个项目也不例外。接下来，通过案例学习资源图的画法。

假设某著名家用电器制造公司经过了周密的市场调研，决定开发一款大容量双开门电冰箱，并计划在 2025 年初推向市场。通过这句话可以推断出这个项目具有如下特性。

① 时间性——2025 年初推向市场。

② 目标性——开发大容量双开门电冰箱。

③ 一次性——典型的一次性研发类项目。

④ 风险性——在开发和销售中会遇到很多的技术风险和市场风险。

这个项目的资源图如图 3-8 所示。

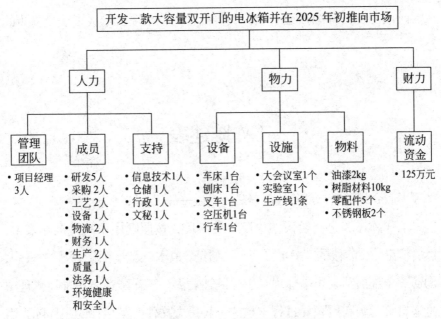

图3-8 新款电冰箱开发项目的资源图

解释

① 图中所有的人力、物力和财力都是属于公司内部的资源,外单位的资源不在本图内显示。

② 管理团队中的3人是全权负责项目的项目经理。

③ 成员中的18人都是从公司各个部门通过"跨部门协调"召集来的。

④ 支持中的4人都是公司辅助型工作人员,来对项目"帮忙"。

⑤ 设备,指在项目中要使用的机器。

⑥ 设施,指可供企业在生产中长期使用的系统、建筑等。

⑦ 物料,指公司仓库内存有的原材料、零部件及半成品。

⑧ 流动资金,即所有需要付出的费用。本项目总共需要125万元资金,包括用来采购外单位的各种产品和服务的费用、项目人员的出差费用、生产线的设备采购费用、项目经理和成员的加班费等。

阶段图和资源图描述了项目的概况，为整个项目形成了一个初步的框架。

3.4 工作陈述表

下面介绍项目启动阶段的最后一个表——工作陈述表。

工作陈述表是将阶段图中所有的阶段，按照顺序依次排列在表中，然后将每一个阶段的"3+4"（时间、质量、成本、人力资源、风险、采购、沟通）全部展开，集中体现在工作陈述表内。工作陈述表在项目管理中是递交给上级高层领导进行审核的一种重要文件。某项目的工作陈述表如表 3-1 所示。

表 3-1　某项目的工作陈述表

内容	时间	质量	成本	人力资源	风险	采购	沟通	备注
阶段 1								
阶段 2								
阶段 3								
阶段 4								
阶段 5								
阶段 6								
阶段 7								
阶段 8								
阶段 9								
阶段 10								

3.4.1 工作陈述表内容的填写

下面来介绍一下工作陈述表（表3-1）中"3+4"内容的具体填写方法和规定。

① 内容：将阶段图中的阶段内容，按照顺序原封不动地写入。

② 时间：使用三大管理工具对每一个阶段的内容进行工期估算，将估算的工期数字填入。

③ 质量：如果阶段内容有明显的工作标准，将标准号码填入；如果阶段内容有明显的客户特需，将特需内容填入。

④ 成本/采购：如果阶段内容有明显的采购行为，将该阶段采购所需的总金额填入成本栏下，将采购的具体物资及所需资金填入采购栏下。

⑤ 人力资源：将资源图中公司内部所有的人力资源，按需分配到每个阶段的人力资源栏下。

⑥ 风险：使用风险预见的四大工具对每个阶段的内容进行风险预见，将预见到的内容填入风险栏下，没有预见到风险则不填。

⑦ 沟通：分别填入公司内部和外部对每个阶段的内容有"限制"行为的人或组织。

3.4.2 工作陈述表制作的注意事项

工作陈述表制作的注意事项如下。

① 由于有的阶段某一个内容的文字会比较多，建议此表最好使用 Office 中的 Excel 软件来制作，如果用 Visual 制图软件制作就更好了。

② 本表中除了区分不同阶段时使用了数字序号外，其他"3+4"的下属不同内容，均不使用"1、2、3"或"a、b、c"表示顺序，而使用中圆点"·"来区分不同的内容，这是国际上比较通用的一种方法。

3.4.3 工作陈述表范例

下面还是以大容量双开门电冰箱开发项目为例，假设项目团队中的项目经理在冰箱的研发工作中都具有丰富的工作经验，他们制作的阶段图是以"过程"来作为阶段内容的，如图3-9所示。

图 3-9 大容量双开门电冰箱开发项目的阶段图（以过程作为阶段）

按照工作陈述表内容的填写规定，将阶段图的阶段内容按照顺序原封不动地写入。如开发一款大容量双开门的电冰箱并在2025年初推向市场这个项目的工作陈述表就以表3-2的形式出现了。

解释

① 参照前面介绍的工作陈述表的填写方法和规定完成工作陈述表的填写。

② 注意"成本"和"采购"是相关的，也就是说资源图中的"流动资金125万元"，就是在不同阶段中花费资金的总额，用于不同阶段所采购的不同物料和服务。

③ 某阶段采购费用总额等于该阶段的成本。例如：阶段5的成本总额是30万元，采购费用总额也为30万元（付给设计院设计费20万元、人员出差费5万元、试制材料费5万元）。

表3-2 电冰箱开发的工作陈述表

内容	时间	质量	成本	人力资源	风险	采购	沟通	备注
阶段1 分析产品特性	10天	• GB×× • 确定结构特性 • 确定技术参数		• 项目经理2人 • 研发2人 • 财务1人 • 生产1人	• 参数不准确 • 特性内容与实际需求有偏差		• 财务部 • 研发部 • 投资人	
阶段2 分析用户需求	5天	• 行业标准 • 企业标准		• 项目经理2人 • 研发2人 • 质量1人 • 法务1人	• 对法规理解深度不够 • 对法规理解不全面		• 国家质检总局 • 国际电工委员会 • 质量部	
阶段3 确定技术种类	3天	• 行业种类 • 行业标准 • 企业标准		• 项目经理2人 • 研发2人 • 质量1人 • 工艺1人 • 设备1人 • 生产1人	• 技术种类界定模糊 • 技术参数不准确		• 国家质检总局 • 质量部 • 工艺部 • 生产经理	
阶段4 确定参数范围	7天	• 行业标准内参数值范围 • 确定各参数值 • 确定各参数值允许偏差		• 项目经理2人 • 研发2人 • 质量1人 • 工艺1人 • 设备1人 • 采购1人	• 参数偏差过大		• 国家质检总局 • 研发部 • 质量部 • 生产部 • 采购部	
阶段5 制定设计方案	80天	• 制定设计标准 • 制定制造标准 • 制定工艺流程	30万	• 项目经理1人 • 研发5人 • 生产2人	• 延期 • 团队合作差	• 设计院20万元 • 人员出差5万元 • 试制材料5万元	• 国家质检总局 • 技术总监 • 各部门经理	
阶段6 制定制造工艺	10天	• 工序依据 • 加工条件 • 产品特需	5万	• 工艺2人 • 质量1人 • 设备1人	• 工序混乱 • 流程不合理	• 测试材料2万元 • 外聘专家费3万元	• 质量部 • 设备部 • 生产部	
阶段7 确定质量标准	20天	• GB×× • 参数标准 • 行业标准		• 质量1人 • 工艺1人 • 设备1人			• 工艺部 • 设备部 • 研发部	

续表

内容	时间	质量	成本	人力资源	风险	采购	沟通	备注
阶段8 健全设备配套	30天	• 特需规格 • 非标设备	40万	• 项目经理1人 • 研发2人 • 设备1人 • 环境健康和安全1人	• 现场存在安全隐患 • 工具短缺 • 人员经验欠缺	• 安装公司10万元 • 工具配套18万元 • 非标设备12万元	• 应急管理部 • 环境健康和安全经理 • 生产部	
阶段9 采购所需零配件	60天	• 供应商质量标准 • 外加工零配件进厂检测标准 • 测试标准	25万	• 项目经理1人 • 采购2人 • 质量1人	• 质量不达标 • 退货困难 • 供货延期	• 模具费10万元 • 工夹具费6万元 • 零部件来购费8万元 • 外部测试费1万元	• 供应商 • 研发部 • 质量部	
阶段10 试制样品	3天	• 产品标准 • 执行工艺 • 质量标准	5万	• 生产2人 • 工艺1人 • 研发2人	• 质量不稳定 • 测试没通过 • 重复性过多	• 零部件采购3万元 • 外部测试费1万元 • 制造过程费1万元	• 研发部 • 质量部 • 生产部	
阶段11 改进提高	15天	• 确定提高标准 • 确定改善标准 • 重定测试标准	10万	• 项目经理1人 • 研发1人 • 生产2人 • 工艺1人	• 数据不准 • 目标不明确	• 材料费8万元 • 各项测试费2万元	• 国家质检总局 • 质量总监 • 生产部 • 财务部	
阶段12 批量生产前的准备	5天	• 制定批量生产需标准 • 制定现场安全标准 • 制订全部零配件物流标准	10万	• 环境健康和安全1人 • 生产2人 • 工艺2人 • 质量1人	• 安全没通过 • 配套不齐 • 人员培训不到位	• 人员安全费5万元 • 生产线调试费1万元 • 总装工夹工具费4万元	• 项目经理 • 研发部 • 环境健康和安全经理 • 工艺部 • 设备部 • 质量部	
阶段13 文件归档	2天	• 归档制度		• 项目经理3人 • 文秘1人	• 记录有误 • 记录缺少		• 项目经理 • 项目成员和支持	

④ 表3-2中13个阶段的成本总额为：30+5+40+25+5+10+10=125（万元），表示总成本为125万元，等于资源图中的流动资金总数。参阅图3-8。

⑤ 如果某一阶段没有使用资金，那么就是说该阶段没有进行采购，所以"成本""采购"这两个栏目同时空白。参见阶段1至阶段4、阶段7及阶段13。

⑥ 团队中所有的项目经理（所有工作时间都用在该项目中的人员）必须尽每个人最大的努力，使用三大管理工具（标杆类比法、历史记录法、专家咨询法），把每个工作陈述表中每个阶段的每个栏目都填满。

⑦ 由于缺少经验或能力不足，项目经理在填表时，对于一些栏目如何填写可能不知道或不确定，那就知道多少填写多少，不知道的地方空着不填，尤其是"风险"一栏，严禁造假、虚构。

⑧ "沟通"栏目内填写对阶段内容有"限制"行为的人或组织（含公司内、外部的）。

⑨ "风险"和"沟通"这两项内容在项目中无处不在，严格来讲应该没有空白。

⑩ 项目的质量只有两种，"标准"或"非标"。每个阶段的"质量"栏目只涉及其中一个，不要把"标准"和"非标"混在一起。

3.5 启动阶段"二图一表"的逻辑关系

对项目启动阶段"二图一表"的逻辑关系进行总结，如图3-10所示。

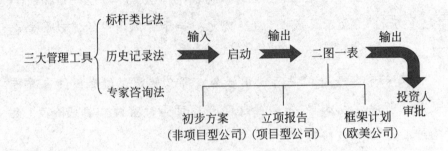

图3-10 启动阶段"二图一表"的逻辑关系

 解释

① 能使用三大管理工具是项目经理的基本工作能力。

② 项目启动的输入是三大管理工具,输出的是"二图一表"。

③ 非项目型公司一般将"二图一表"称为"初步方案"。

④ 项目型公司一般将"二图一表"称为"立项报告"。

⑤ 欧美公司一般将"二图一表"称为"框架计划"。

⑥ 项目启动阶段的"二图一表"的作用是呈送公司高层领导审批,它们不是项目实施的依据。

⑦ 公司高层领导在审核过程中可能会对图表中的内容进行修改。

⑧ 项目经理对高层领导在"二图一表"中的修改有疑惑或不解之处,可以与高层领导进行再次沟通商榷。

⑨ "二图一表"只是启动一个项目,还不是真正的项目计划,更不是项目的实施依据。只有当"二图一表"最终被公司高层领导审核通过后,项目经理才能够依照"二图一表"中的内容、数字和规定正式启动这个项目。

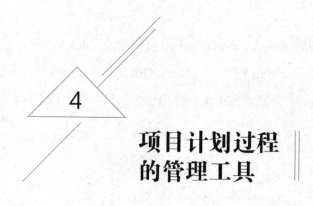

4 项目计划过程的管理工具

4.1 项目范围计划管理工具

只有"阶段"是不能实施项目的,阶段内容只是给公司高层领导审核批准的,只有得到公司高层领导的批准,项目经理才可以正式制定项目的计划。第 3 章中介绍的阶段内容中还含有很多的"小内容",而这些"小内容"里有可能会再含有更小的"小小内容",因此,有必要将每一个阶段的内容进一步进行一层一层地分解,直至分解到不能再分解为止。不能再分解的部分被定义为工作包(work package,WP),工作包是项目管理的专用术语,也是项目管理教材中的官方用语,日常工作中项目经理一般称它为"任务"。

工作包是不可再分割的,不可分割主要体现为以下几点:

① 项目经理没有能力再分解;

② 团队中某一个项目经理完全有能力完成某个工作包(某个工作包正好是这个项目经理平时在部门中的工作);

③ 分解到某一层的工作包需要行业许可才能完成；

④ 分解到某一层的工作包，自己公司做成本高，只能外部采购。

工作包的不可分割性如图 4-1 所示。

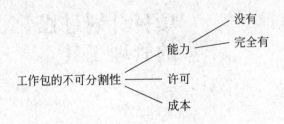

图 4-1　工作包的不可分割性

4.1.1　工作分解结构图

因为不知道阶段内容里面到底含有多少个"小小内容"，这些"小小内容"之间到底有没有从属关系，它们是不是真的不能再分解了，只有通过一步一步地分解阶段内容，才能够知道每个阶段内容里面的具体工作。对实现项目目标所需完成的所有工作，按可交付成果、逻辑或组织关系等所做的层次分解叫作工作分解结构（work breakdown structure，WBS），它是以交付成果为导向的项目各组成部分的一种分解结构，它对项目的总范围进行组织分解和定义。工作分解结构形成工作分解结构图，没有列入工作分解结构图中的工作不属于项目范围内的工作。工作分解结构中最低层次的可交付成果就是工作包。

工作分解结构图的理论依据是从属逻辑关系，是通过进一步分解项目的每个阶段内容而产生的。工作分解结构图的完成是为制定项目计划走出的第一步，也是项目管理"五图二表"中最重要的一步。

4.1.1.1　工作分解结构图的制作流程

现在来阐述一下工作分解结构图的制作流程。

(1)将确认后的阶段图作为母版

"确认"是指:阶段图已经经过公司高层领导的审核并正式批准。此时便可以开始正式分解每个阶段的内容了。

(2)对每个阶段的内容进行从属逻辑分解

因为是分解,所以工作分解结构图中不可能出现图4-2中被打"×"的图形。真正合格的工作分解结构图应该是图4-2中靠下方的图形。

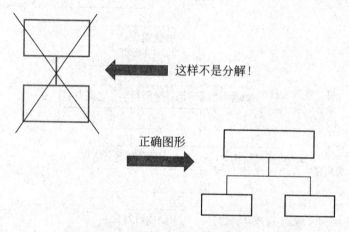

图4-2 工作分解结构图正误甄别

接下来阐述一下逻辑分解。逻辑关系分为三种:因果关系(因果逻辑)、从属关系(从属逻辑)和顺序关系(顺序逻辑)。

工作分解结构图使用的理论依据是"从属逻辑",也就是通常讲的"从属关系",举一个例子,加深理解。

负责"35层甲级办公楼的总体设计"项目的最终目标是:

35层甲级办公楼的总体设计

此项目用"功能"作为阶段比较合适,所以本项目的阶段图如图4-3所示。

接下来以第一个阶段"建筑设计"作为母版进行分解,如图4-4所示。

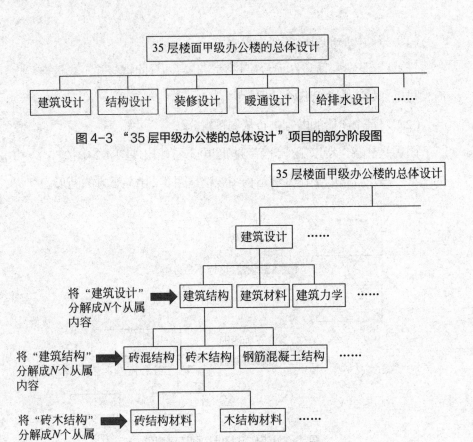

图4-3 "35层甲级办公楼的总体设计"项目的部分阶段图

图4-4 第一个阶段"建筑设计"的部分工作分解结构图

解释

① 从"建筑设计"一直分解到"砖结构材料""木结构材料"后,就不需要再分解了,因为它们都已经是原材料了,没有必要再进行分解了。

② 从"建筑设计"一直到砖、木的原材料垂直分解下来,是完全的"物理分解","建筑设计"的物理本性没有任何改变。

③ 任何与"建筑设计"无关的物质(或内容)不能在"建筑设计"阶段之下。

④任何工作分解结构图的阶段内容下面必须是两个或两个以上更小的内容，不可能只有一个更小的内容，因为这不符合工作分解结构从属逻辑关系。

⑤任何改变"建筑设计"本质的内容，不能出现在"建筑设计"的阶段之下。

⑥从属逻辑关系的基本要求就是从阶段到工作包都反映同一个事物的本质。

现在可以清晰地认识到从属逻辑关系的实质，那就是完全的"物理变化"，不可分割的工作包必须要与阶段内容保持完全一致的物理特性，即阶段内容的本质不能有任何的变化。

（3）一直分解到可控为止

可控包括能力、许可、成本三方面。完成工作包的项目经理没有能力，或完全有能力完成此项工作；工作包的完成需要相关许可，自己公司没有相关资质，只能外包；自己完成工作包成本高，外部采购便宜，考虑成本的原因，只能外包。一旦分解到可控程度，就形成真正意义上的工作包。如图4-5所示。

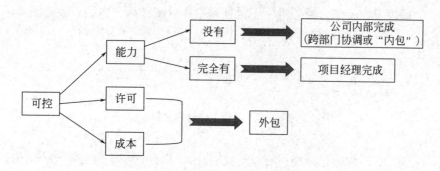

图4-5 将阶段分解到可控为止

（4）为每个工作包配上属性

项目的每一个阶段内容经过分解以后形成不同的工作包，不同的工作包具有不同的属性。

① 完成的工作包正好是项目经理在原部门的工作，项目经理完全有能力独立完成此项工作。属性：工作包由项目经理自做自管。

② 项目经理没有相应能力，工作包需由公司内的各种技术或业务人员跨部门完成。属性：部门人员做，项目经理管。

③ 企业不具备进行相关工作所需的资质或某些工作由公司做成本较高，需要由其他有资质的公司或能够以低成本完成此项工作的公司来完成。属性：外包单位做，项目经理管。

④ 由于工作包的专业技术性很强而且内容比较复杂，只能由公司的某一个有技术能力的部门来单独完成，这种情况被称为"内包"，即公司内部承包。由于工作具有一定的技术含量，所以只能由部门经理来管理，项目经理配合协调相关工作。属性：部门"内包"，部门经理管，项目经理协调。

无论什么项目，工作包的属性只有上述四种，不可能会有其他属性产生。每个工作包有了"归属"，项目经理就可以有针对性地安排每一个工作包由谁来完成，所以工作分解结构图是项目管理中最重要的工具。

项目工作计划分解的唯一工具就是工作分解结构，它的步骤如图 4-6 所示。

$$P_f \longrightarrow P_i \longrightarrow \text{WBS} \longrightarrow T_{wp} \longrightarrow C_{wp}$$

图 4-6 项目工作计划分解

图中，P_f 为项目最终目标；P_i 为项目阶段目标；WBS 为工作分解结构；WP 为工作包；T_{wp} 为完成单项工作包所需时间；C_{wp} 为完成单项工作包所需成本。

4.1.1.2 工作分解结构图应用案例

工作分解结构图做得是否正确取决于图中的从属逻辑关系是否成立。

假设有一家电冰箱生产制造公司希望能够在某省建立新款双开门电冰箱的销售体系，该项目的工作分解结构图如图 4-7 所示。

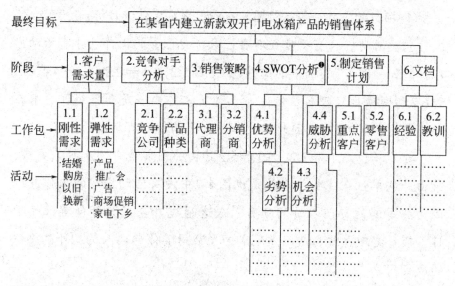

图 4-7 "在某省内建立新款双开门电冰箱产品的销售体系"项目的工作分解结构图

解释

① 活动是由工作包分解而来的，是实现工作包所需的具体工作。

② 最终目标包含清晰的动作——"建立"、对象——"某省内的销售体系"（对象）及范围——"双开门电冰箱"。

③ 因为理论依据是从属逻辑关系，所以工作分解结构图中从阶段到工作包直至活动的所有内容都不能离开最终目标的"动作""对象""范围"，超出这三个方面的内容都不是工作分解结构图应该包含的内容。不能违背从属逻辑关系的理论依据，如果在工作包"1.1 刚性需求"下面的活动内容中再添加一个叫"汽车需求"或其他与冰箱没有关系的活动，就是绝对错误的。因为"汽车需

---

❶ SWOT分析方法是根据企业所拥有的资源，分析企业内部的优势与劣势以及企业外部环境的机会与威胁，进而选择适当的战略。S是优势，W是劣势，O是机会，T是威胁。

求"已经完全超过了"双开门电冰箱"这个范围，冰箱和汽车不是从属逻辑关系。

④ 项目的工作分解结构图具有四大内容：最终目标、阶段内容、工作包、活动。只有项目经理自己做、自己管的工作包才有活动内容。例如，图4-7案例中的工作包1.1和1.2，2.1和2.2，4.1~4.4，6.1和6.2都由项目经理自己做、自己管（工作内容是项目经理原来在部门中的本职工作），因此这些工作包下面都配有活动的内容。

⑤ 工作包3.1和3.2、5.1和5.2是由公司其他部门人员来完成，或由外包单位来完成，也就是说图4-7中没有活动内容的工作包就成为公司其他部门人员的项目，或者通过外包成为外包单位的项目，项目经理也就自然而然地成为了公司其他部门人员或外包单位的项目用户了。

通过"某新产品开发的工作分解结构图"（图4-8），进一步加深对工作分解结构图的理解。

解释

① 由于版面限制，没有展示阶段7至阶段10的分解内容。

② 有活动内容的工作包都由项目经理自己做、自己管。

③ 输入为"某某部"的工作包表示此工作包由公司内部某一个部门"内包"。

④ 输入为"某某部+跨部门人员的工作性质+人数"的工作包表示此工作包由公司内部人员跨部门协作完成。

⑤ 由于每个公司的产品特性、文化和制度不同，以上工作分解结构图仅供参考。

4 项目计划过程的管理工具 | 083

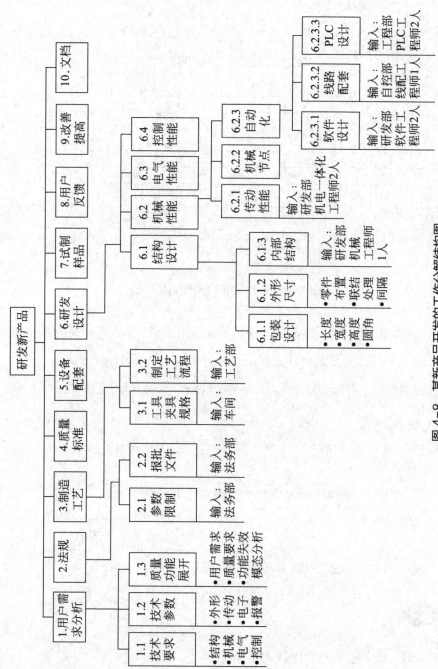

图4-8 某新产品开发的工作分解结构图

继续分析"某个项目的工作分解结构图",如图 4-9 所示。

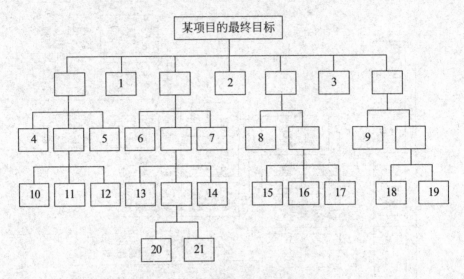

图 4-9 某个项目的工作分解结构图

可以很清晰地看到,这个项目的工作包是 21 个不可分割的基本单元,当这 21 个工作包全部完成了,这个项目的最终目标就完成了。也可以反过来说,要完成这个项目的最终目标,只要完成这 21 个工作包就可以。

从项目的源头到工作包的因果关系,如图 4-10 所示。

图 4-10 从项目的源头到工作包的因果关系

解释

① 工作包来源于阶段内容。

② 阶段内容来源于项目说明书中的"项目名称"。

③ 项目说明书来源于投资人和项目用户的需求。

④ 投资人和项目用户的需求不能脱离法规的约束。

⑤ 反过来，任何项目都是由投资人和项目用户的需求在法规的约束下开始，然后由项目经理编制"项目说明书"，项目经理获得任命后，开始启动项目阶段图的编制，有了经过高管认可的阶段图后，通过工作分解结构得到一定数量的工作包。

⑥ 这就是项目进展的因果关系。图4-9中的每一个环节前后都存在着因果关系。

> 现代项目管理的理念和方法是以工作包为基本单元展开的。

4.1.2 责任矩阵表（任务分配表）

项目的第一个计划是范围计划，工作分解结构就是对每一个阶段内容进行从属逻辑分解。项目的第二个计划是责任矩阵表（responsibility assignment matrix，RAM），就是给每个工作包进行工作定位。责任矩阵表是项目管理专业术语，在我国习惯称它为"任务分配表"，因为工作包在习惯上被称为"任务"。通过工作分解结构图可以获得某个项目的工作包总数，所以工作分解结构图是责任矩阵表的前提，它们之间存在着顺序逻辑关系。按照工作分解结构图中工作包的情况，需要为每一个工作包分配能够完成此工作包的人员。

责任矩阵表的制作要求如下。

① 从工作分解结构图中得到项目的工作包情况，然后确定每一个工作包的属性，最后根据属性，将相关内容分别填入责任矩阵表中。

② 责任矩阵表是为每一个工作包分配合适的、有能力的项目成员的一种工具。

③ 表格中尽量填写项目参与人员的姓名，这表明项目的跨部门协调工作已经完成。

④ 表格中的"工作包质量标准"一栏，如果客户有非标准化的要求，请把非标准化要求的内容全部填入，说明这个工作包在技术上比较重要，而且有一定的难度。

责任矩阵表样式如表 4-1 所示。

表 4-1　责任矩阵表

工作包编号	工作分解结构编号	工作包内容	工作包所需工期	工作包完成人（做）	工作包质量标准	工作包责任人（管）	前导工作包编号

解释

① 无论什么项目，经过分解后的工作包的属性只有四种，每个工作包只具有其中一种属性，也就是说每个工作包不可能具有两种属性。

② 假设工作包 1（1.1）的内容正好是项目团队中某一个项目经理在原部门中的标准型工作，那么这个工作包"做"的人和"管"的人是同一个人。因此在"工作包完成人（做）""工作包责任人（管）"中填入项目经理姓名即可。

③ 假设工作包 2（2.2.1）的内容不是项目团队中任何一个项目经理在原部门的标准型工作，而公司其他部门人员有能力完成这个工作包，那么把经过跨部门协调确定的人员的姓名及工作性质填入

"工作包完成人（做）"的一栏即可。例如，某一个工作包是某零部件的测试，有经验的项目经理能够判断需要由一个质量工程师（张××）将这个零部件的质量要求编写成质量明细表，然后将质量明细表交给采购工程师（李××），由采购工程师根据质量的要求选择有能力为该工作包提供符合质量要求的产品的供应商，然后要求该供应商先提供2个样品交给公司的测试工程师（王××）进行测试，这就是典型的公司内部的跨部门协调工作。此时项目经理通过责任矩阵表确定了工作包的具体完成人员，借助PMO的组织机制，后续项目管理工作可以进行得更加顺利。按照下列形式填写工作包2（2.2.1）的"工作包完成人（做）"一栏：张××（质量），李××（采购），王××（测试）。在"工作包责任人（管）"中填入项目经理姓名即可。

④假设工作包3（3.2.2）涉及国家或行业许可，或者由公司完成成本高，需要外包，那么，将经过挑选或招标确定的合格的外包商、供应商、承包商的公司全名填入"工作包完成人（做）"的一栏，把项目经理姓名填入"工作包责任人（管）"的一栏即可。

⑤假设工作包4（4.3.1）技术含量高而且内容复杂，需由公司内部有相应技术能力的专业部门来"内包"完成，将该部门填入"工作包完成人（做）"一栏，将该部门经理的姓名填入"工作包责任人（管）"一栏的左上角，将团队中的项目经理姓名填入"工作包责任人（管）"一栏的右下角即可。

⑥"工作包所需工期"一栏填写工期天数。这具体的数字是由"做"的人（项目成员）估算，并经过"管"的人（管理团队项目经理）核实后确定的。

⑦将特殊需求或国家标准、行业标准的标准编号填入"工作

包质量标准"中。

⑧ 最后一栏"前导工作包编号"待学习了项目进度计划管理工具中的关键路径图后再填写完成。

> "做"工作包的人做错了,"管"工作包的人负主要责任。

4.2
项目进度计划管理工具

项目的第三个计划是进度计划,涉及工作包之间的顺序界定,就是将所有工作包按照顺序逻辑关系进行排序后形成逻辑网络图,算出项目的总工期,然后把每一个工作包的工期表示在日历图上,得到项目的完工日期。项目进度计划管理工具包括关键路径图及甘特图。

4.2.1 关键路径图

4.2.1.1 工作包排序的理论依据

从工作分解结构图中分解出了工作包,并且按照每个工作包的属性完成了部分责任矩阵表,遗憾的是责任矩阵表中最右边的一栏"前导工作包编号"还是空白的,我们还不知道该怎样填写。到现在为止,我们还没有能力知道项目的总工期是多长,而项目的总工期往往是项目投资人和项目用户最关注的一个数字。我们已经知道了每一个工作包的工期,为什么不能计算出项目的总工期呢?原因是我们不知道工作包相互之间的顺序逻辑关系。先来看一下项目总工期与工作包工期间的关系简图(图4-11)。

图 4-11 项目总工期与工作包工期间的关系简图

解释

① 项目的总工期不是简单地由每一个工作包的工期相加而成的，因此总工期不是24天（6天+8天+10天）。

② 有些工作包必须逐一"排队"完成，因为它们之间存在顺序逻辑关系。

③ 有些工作包可以同时完成，因为它们之间不存在顺序逻辑关系。

使用顺序逻辑关系的理论来对所有的工作包进行排序，并且把所有工作包的"位置"确定后画成网络图，才能够准确计算出项目的总工期。

4.2.1.2　工作包的排序方法——前导图

任何一个产品在生产前，都要制定生产过程中的工艺流程，这是一个很重要的步骤，工艺流程制定完成后，就会生成一个某产品的生产工艺流程图。某产品的生产工艺流程示意图如图 4-12 所示。

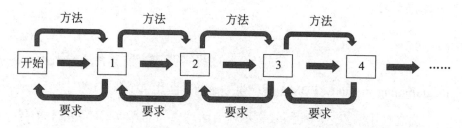

图 4-12　某产品的生产工艺流程示意图

解释

① 某产品的生产工艺是：1→2→3→4……。

② 假设此项目中每一个工艺步骤为项目的一个工作包。

③ 假设"开始"为生产产品的现场生产线，现场的条件已经完全满足工艺1的所有开工条件，因此工艺1（工作包1）排序在第一位。

④ 从工艺1以后的每个工艺步骤都必须遵循一个原则，那就是工艺2必须将自己开工的所有要求告诉工艺1，然后工艺1将能够解决工艺2的要求的所有方法再反馈给工艺2，以此类推，直至将产品（工作包）全部生产完成。

⑤ 相邻的两道工艺（两个工作包）之间，后者对前者提出"要求"，前者向后者反馈"方法"。

⑥ 一旦前后两道工艺（两个工作包）完成了双方都同意的"要求"和"方法"的沟通后，项目经理要求前后双方将"要求"和"方法"以文字的形式写下来，双方都签好字，最后归入公司项目文档里作为凭证。这样产品（工作包）在生产过程中一旦出现问题，问题的原因是很容易被找到的，同样解决问题的方法也是很容易被找到的。

在这个基础上，项目进度管理的网络图——前导图（precedence diagramming method，PDM）就产生了，前导图用单个节点（方框）表示一项活动，用节点之间的箭线表示项目活动之间的相互依赖关系。前导图是项目管理中最常用的一种工具，如图4-13所示。

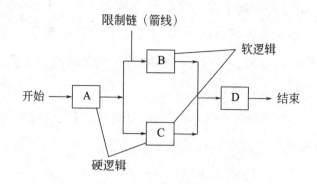

图 4-13 前导图简图

① 前导图中带有箭头的线称为限制链，项目经理习惯称它为箭线。

② 图中的 A、B、C 和 D 为工作包。

③ 直接用箭线连接起来的两个工作包，它们之间的关系叫硬逻辑（hard logic）关系，它们之间是有顺序逻辑关系的。图中的 A 与 B、B 与 D、A 与 C、C 与 D 都是硬逻辑关系。

④ 在同一条箭线上相邻的两个工作包之间只要具备下面的条件之一，就可以确定是硬逻辑关系：a. 科学技术规定的，b. 工艺流程规定的，c. 管理制度规定的，d. 工作习惯规定的。上述四个形成硬逻辑关系的基础称为"四大条件"，分别被称为科学技术、工艺流程、管理制度、工作习惯。

⑤ 没有被箭线连接起来的工作包，也就是不在同一条箭线上的工作包，它们之间的关系叫软逻辑（soft logic）关系。这些工作包之间是不存在顺序逻辑关系的，也就是说这些工作包可以同时进行。图中的 B 与 C 是软逻辑关系。

⑥ 因为软逻辑关系的工作包可以同时进行，所以软逻辑关系的工作包数量越多，项目的总工期就越短（是好事）。但是它们对资源的需求量也越大，不同工作包对同一个资源的需求所产生的冲突的概率也越高（是坏事）。

⑦ 前导图中的箭线只能是水平线和垂直线，不能使用斜线或折线。

⑧ 箭头在水平线上，垂直线上没有箭头。

⑨ 箭头一定是左进右出。

⑩ 务必在每张前导图中标明"开始"和"结束"。

4.2.1.3 前导图的四种依赖关系

前导图是目前最为常用、也是最为普遍的一种画法，现在来研究一下前导图的四种依赖关系，如图 4-14 所示。

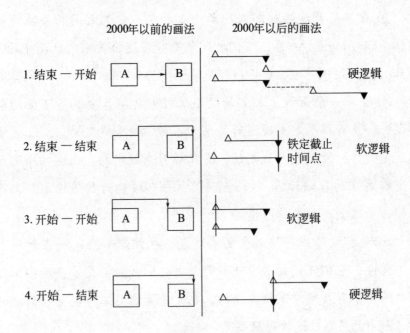

图 4-14 前导图的四种依赖关系

使用方框的画法是2000年以前的老式画法，使用箭线的画法是目前的新式画法。采用哪种画法，可以自己选择，建议使用一目了然的箭线画法。

（1）结束—开始

这是一种典型的硬逻辑关系，有两种情况：a.一个工作包结束了，后一个工作包马上就开始了；b.一个工作包结束了，要等一段时间，后一个工作包才能开始。图中虚线表示前后两个工作包具有等待的硬逻辑关系。b情况是硬逻辑关系的一种特例，这种特例的前导图，如图4-15所示。

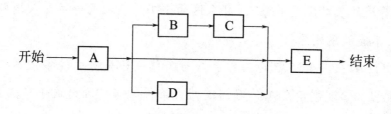

图4-15 硬逻辑关系的前导图特例

解释

① 在这个硬逻辑关系的前导图特例中，工作包E要等到工作包A、工作包C和工作包D全部完成后才能正式开始。

② 图中一共有3条线，分别是从工作包A到工作包E的3条不同路径：

a. A→B→C→E；

b. A→E；

c. A→D→E。

③ 上述这3条线中的工作包B和C（在a路径中）与工作包D（在c路径中）没有顺序逻辑关系，它们是软逻辑关系，也就是说a路径、b路径和c路径是3条没有顺序关系的软逻辑箭线。

④ 上述任何一条路径中的任何2个工作包之间具有硬逻辑关系，

表明这2个工作包之间一定满足四大条件（科学技术、工艺流程、管理制度和工作习惯）中的某一个条件。例如上图中的工作包A和工作包E，因为它们之间有直接箭线的连接，它们之间是明显的硬逻辑关系。

⑤ 不要将图4-15中某条路径上的工作包与其他路径上的工作包加以比较，因为它们之间没有顺序逻辑关系。

⑥ 任何前导图中，只要两个工作包之间有直接的箭线连接（与箭线的长短没有关系），那么这两个工作包之间一定是硬逻辑关系，不能随意删除。

⑦ 如果图4-15中的工作包A与工作包E不满足科学技术、工艺流程、管理制度或工作习惯这四大条件之一，那么这条从A至E的箭线一定画错了，必须删除。

⑧ 如果这是个新建厂房的项目，工作包A的内容是"厂房内铺水泥地坪"，工作包E是"安装生产线"，只有等到工作包A完成且水泥地坪完全干固、符合国家建筑行业水泥地坪干固的标准后，才能在上面安装生产线（工作包E），所以工作包A与工作包E之间有一段必须符合国家标准（建筑规范）的等候时间，而这个等候时间就是执行管理中的规范标准。图4-14中，PDM的第一种画法中的虚线就表示了这种关系。

（2）结束—结束

这是一种典型的软逻辑关系，它表示两个不同的工作包开始的时间不一样，但是结束的时间点是一样的。两个或两个以上的工作包要在同一个时间点结束，其难度可想而知。因此欧美国家的项目经理将这个时间点称为"deadline"，翻译成中文为"铁定截止时间点"。

（3）开始—开始

这是一种典型的软逻辑关系，它表示两个不同的工作包开始的时间是一样的，但是结束的时间是不一样的。这种关系处理难度不大，只要资源数量充裕，可以有把握地利用软逻辑关系的特点使总工期缩短。

（4）开始—结束

这是一种典型的硬逻辑关系，是欧美国家的项目经理习惯使用的画法，因为欧美语言的表达顺序与中文正好相反，欧美语言是先讲结果，再讲原因，而中文是先"因"后"果"。其实这个表示方法所表达的依赖关系与第一种依赖关系是一样的。

> PDM是世界上大多数项目经理最常用的表示工作包之间顺序逻辑关系的一种网络图。

4.2.1.4 工作包图形的两种不同表示形式

2000年以后，项目管理专家对工作包的表示形式作了规范，目前在世界范围内使用最广泛的工作包图形是下列两种形式，如图4-16所示。

形式A

ES	工期	EF
编号内容		
LS	浮动时间	LF

形式B

ES	EF
编号内容	
工期	浮动时间
LS	LF

图4-16 工作包的两种不同表示形式

ES—early start，最早开始时间；EF—early finish，最早结束时间；
LS—late start，最晚开始时间；LF—late finish，最晚结束时间

通过下面的案例可以进一步学习如何填写工作包的所有框内内容。

假设刘某是一位制造业工厂的设备管理工程师,有一台关键设备临近计划性大修(换新马达)的期限。刘某被公司高层领导任命为这台关键设备计划性大修的项目经理,他先做了一个初步的进度计划简图,如图4-17所示。

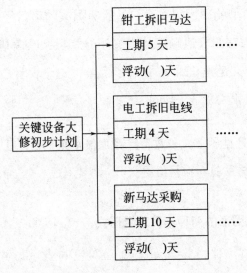

图4-17 设备大修进度计划简图(浮动时间未填写)

很显然这个初步计划中的工作包不符合前面提到的工作包的标准画法,因此须将计划简图中每一个参数填到正规的工作包标准图(图4-18)中去(参照图4-16中工作包表示形式B)。

解释

① 编号栏内需填写工作包在工作分解结构图中的编号及责任矩阵表中的编号。工作分解结构图编号一般写在括号里,责任矩阵表编号写在工作分解结构图编号后,不需要加括号。

② 工作包的内容写在编号的下方。

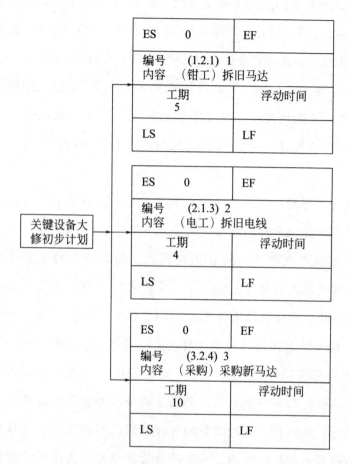

图4-18 设备大修进度计划中的工作包标准图（形式B，未完成）

③ 浮动时间（floating time）是指在不影响项目完工日期的前提下，路径上的活动可以推迟的时间。

④ 假设这个项目的正式实施日期是某年某月的1日，工作包（1.2.1）1拆旧马达的工期是5天，最早开始时间是1日，可以计算出：其最早结束时间是5日。由于新马达采购时间为10天，为了不影响进度，工作包（1.2.1）1的最晚开始时间是6日，最晚结束时间是10日，由此而产生的浮动时间是5天。参阅图4-19。

⑤ 工作包（2.1.3）2 拆旧电线的工期是 4 天，最早开始时间是 1 日，可以计算出：其最早结束时间是 4 日，最晚开始时间是 7 日，最晚结束时间是 10 日，由此而产生的浮动时间是 6 天。参阅图 4-19。

⑥ 工作包（3.2.4）3 新马达采购的工期是 10 天，最早开始时间是 1 日，可以计算出：其最早结束时间是 10 日，最晚开始时间是 1 日，最晚结束时间是 10 日，由此而产生的浮动时间是 0 天。参阅图 4-19。

⑦ 没有浮动时间的工作包的特点：ES=LS，EF=LF。换句话说，当 ES=LS，EF=LF 时，浮动时间一定等于零。

⑧ 该项目在刚开始的 10 天时间内，项目经理的主要时间和精力都应该花在工作包（3.2.4）3 新马达采购上面。通俗一点讲，要把时间和精力都花在没有浮动时间的工作包上。

⑨ 找出没有浮动时间的工作包是项目进度管理的关键。

⑩ 如果在同一时期，该公司还有另外一个项目也在进行，同样需要一个钳工和一个电工，那么这两个人力资源就需要从事"多项目执行"的工作，这种工作的管理计划的制订便依靠项目经理的经验和利用大数据的能力。目前项目管理中的最高级的管理技术被称为"多项目管理"，也被称为"项目群组管理"，相关知识将会在第 7 章介绍。

> 要把时间和精力都花在没有浮动时间的工作包上。
> 找出没有浮动时间的工作包是项目进度管理的关键。

4.2.1.5 进度节点控制线

以图 4-20 为例，进一步加深对前导图的理解，并学习进度节点控制线。

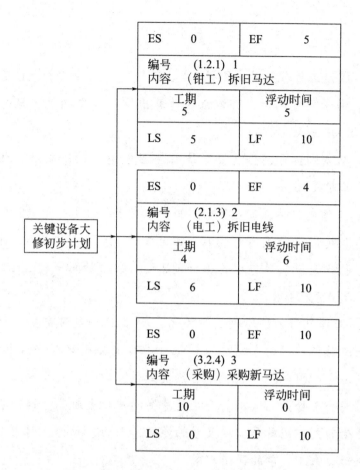

图 4-19　设备大修进度计划中的工作包标准图（形式 B）

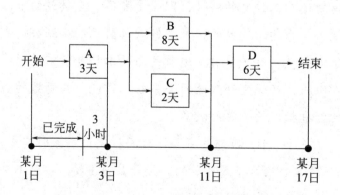

图 4-20　某项目前导图的进度节点控制线

> **解释**

① 假设工作包A的工期是3天，B是8天，C是2天，D是6天。

② 由于项目简单，可以很快计算出这个项目的总工期是17天（3天+8天+6天）。

③ 从A到B再到D这条线是前导图中最长的一条线，线上工作包的工期最长。

④ 工作包C的工期是2天，如果它在2天内没有完成，它对项目的总工期17天是没有影响的，因此工作包C还可以有6天的浮动时间，也就是说工作包C的工期是2天，浮动时间是6天，工作包C的总工期可以有8天。

⑤ 工作包B和C是软逻辑关系，如果工作包B需要一台电焊机，而工作包C同时也需要电焊机，但目前公司只有一台电焊机，给谁先用呢？图4-13的解释中已经提到过，软逻辑关系的工作包越多，对同一个资源的需求所产生的冲突的概率也越高。这么看来软逻辑产生的副作用就是需要大量的资源（人力、物力、财力）来满足软逻辑关系工作包的同时需求。

⑥ 由于项目管理中使用的是含有两条或两条以上箭线的前导图，具有软逻辑工作包的特性，因此要配备一定数量的资源来满足那些软逻辑关系的工作包的需求。针对目前已经得到公司高层领导批准的资源数量，有必要对软逻辑关系的工作包所需要的资源数量进行重新审核，确保全部软逻辑关系的工作包所需资源的数量小于或等于已经被批准的资源的数量。

⑦ 工作包A、B、D都没有浮动时间，要力争按时完成。

⑧ 假设这个项目正式开始的日期是某月1日，按照工期计算其正式结束日期应该是某月17日。

⑨ 假设时间到了某月3日下午5∶00即将正式下班时，但是工

作包A还留有一小部分工作没有完成，估计还需要3小时的时间才能全部完成，这时，项目经理遇到了项目管理中经常出现的问题。解决这个问题最简单、最常用的方法就是"加班"。问题是法律规定，加班要员工完全自愿，强迫是违法的，这样就存在不能加班的可能性，怎么办。只能把某月3日下班时留下来的3小时工作量，放到第二天（某月4日）去做。从计划上看，某月4日到11日，要同时进行工作包B和C，因为工作包C即使2天完不成也不会影响17天的总工期，又由于A剩下的3小时的工作量是不能等候的，所以只能将工作包B的8天工期压缩3小时，来弥补前面工作包A的3小时延误时间，因为工作包B在决定这个项目总工期的箭线上。

⑩ 根据经验，项目经理有必要为每个在最长箭线上的工作包增加工期，在原有的工期上再增加10%～15%的余量，以备不时之需。

⑪ 每一张前导图完成后，一定会有一根与它相匹配的项目进度节点控制线，这根线就是图中底部的、带有"某月1日""某月3日""某月11日""某月17日"等时间节点信息的线。如果项目在1日正式开始，那么第一个进度节点就是3日，第二个进度节点就是11日，第三个进度节点就是17日（结束）。时间到了节点的日期，哪个工作包还没有完成，推延了多少时间，项目经理应该心中有数。

⑫ 有了进度节点控制线，项目经理就有能力在项目实施过程中监管每一个工作包的进度，也有能力对明天、后天……的工作量进行科学地调整。

4.2.1.6 项目总工期的确定方法

项目总工期箭线是前导图中最长的一根箭线，箭线上"串联"着N个工作包，每个工作包的工期相加就等于该项目的总工期。这条最长的线被定义为关键路径，用关键路径确定项目工期的方法叫作关键路径法

(critical path method，CPM)。关键路径的简图如图4-21所示。

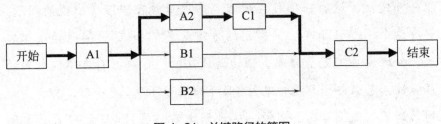

图4-21 关键路径的简图

解释

① 项目共有6个工作包，根据它们之间的顺序逻辑关系排列出前导图。

② A1、A2、C1、C2、B1、B2的工期分别为1天、2天、1天、2天、1天、2天。

③ 其中工作包A1、A2、C1、C2的工期之和是6天（1天+2天+1天+2天），比其他线上的工作包的工期之和都大，所以图4-21中的粗线是这个项目的关键路径。

④ 如果工作包B2的工期改为4天，工作包A1、B2、C2的工期之和是7天（1天+4天+2天），比其他线上的工作包的工期之和都大，那么这条表示关键路径的粗线就变成最下面串联A1、B2、C2的那条线，因此图形中的线条就与图4-21不一样了。

⑤ 项目管理是动态式的管理，随时都会发生变化，项目经理必须随时根据变化来改变计划。

> 关键路径是前导图中时间最长的路径，决定项目的最短总工期。
> - 关键路径是前导图中最长的一条连线，连线上"串联"着N个工作包，每个工作包的工期相加就等于该项目的总工期。
> - 关键路径上的工作包都不具有浮动时间。
> - 没有浮动时间的工作包一定在关键路径上。

4.2.1.7　完成项目关键路径图的基本前提条件

要完成项目的关键路径图，必须具备以下前提条件。

① 必须具有完整的工作包（任务）清单。项目工作包的情况从工作分解结构图中获得。

② 确定工作包之间的逻辑关系——哪些是硬逻辑关系，哪些是软逻辑关系。

③ 知道每个工作包的工期。项目的工期在责任矩阵表中显示。（由"做"的人估算，由"管"的人审核。工期估算的标准是：既没有很大的风险，也不是很保守。）

前提条件中难度最大的是第②点，究竟哪些工作包之间是硬逻辑关系，哪些工作包之间是软逻辑关系呢？所有的工作包都是由项目组的成员来完成的，他们对完成工作包具有一定的技术能力及工作经验。具有硬逻辑关系的工作包的顺利交接，应该由完成前后两个工作包的执行人进行深入沟通，使他们相互理解、达成共识，并形成文本，双方签字。当项目很大、有上百个不同的工作包时，如果项目经理能够在制定项目进度计划前，召开一次制定项目进度计划的会议，让相关人员进行充分沟通，在会议上形成科学的进度计划，那么项目按照计划执行的可能性就会很高。

4.2.1.8　项目进度计划制定会议

召开一次制定某项目进度计划的会议，需要完成以下工作。

① 向公司预定一个带有投影仪的会议室。

② 将会议通知发送至：项目管理团队，项目成员，项目支持，项目投资人（高层领导），相关技术部门的部门经理以及与项目有关的内外部专家。

③ 项目管理团队中的所有项目经理应提前1～2小时进入会议室，做好如下准备工作。

a. 取走会议室中的座椅。

b. 在会议室中心放置一张大桌子。

c. 用一张足够大的白纸作为大桌子的"桌布"。

d. 准备一些大尺寸正方形的即时贴（便利贴）。

e. 项目经理将责任矩阵表上的工作包，按照编号的顺序分别在不同的即时贴上表示出来，如图4-22所示。

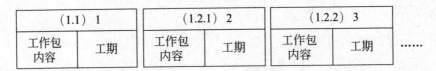

图4-22 画在即时贴上的工作包的简易表示形式

f. 将写有工作包信息的即时贴依次粘贴在桌上白纸的左上角。

g. 检查工作包即时贴是否有遗漏。

h. 将项目的责任矩阵表投影到会议室的屏幕上。

④ 全体参会人员进入会议室，会议正式开始。

⑤ 请责任矩阵表中相关的项目成员和支持，拿取自己负责的工作包即时贴。

⑥ 项目经理介绍公司目前现有的资源条件，以及这些条件可以满足哪些工作包的输入条件，要求拿取这些工作包即时贴的项目成员或支持，将工作包即时贴粘贴在白纸的最左边，如图4-23所示。

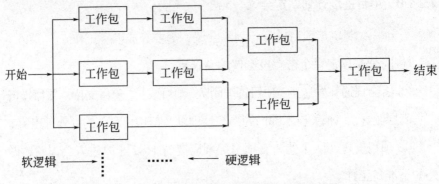

图4-23 用即时贴表示工作包之间的"硬""软"关系的示意图

⑦ 项目经理要求拿取其他工作包即时贴的项目成员或支持将紧跟其后的工作包即时贴，根据科学技术、工艺流程、管理制度和工作习惯，按照顺序逻辑关系分别依次粘贴在相应的工作包即时贴后面，如图 4-23 所示。

⑧ 工作包即时贴全部粘贴完成后，前后两个成员进行"要求"和"方法"的沟通，以达成共识，如图 4-24 所示。

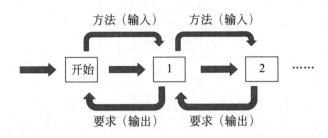

图 4-24　硬逻辑关系的工作包之间的输入和输出

⑨ 一定要将资源图中的人力、物力和财力的数量与前导图中的软逻辑关系的工作包所需的资源数量进行比较，确保软逻辑关系的工作包所需资源的数量小于等于资源总量，然后完成符合现有资源条件的、具有可行性的关键路径图。

⑩ 依据白纸上即时贴所形成的各个工作包的相对位置，将每个工作包前面工作包的编号填入到责任矩阵表的最右边一栏，这样就完成了责任矩阵表中最右边一栏的"前导工作包编号"的填写。

⑪ 将白纸上的即时贴前导图用 Excel 软件录入电脑中，这样项目经理就完成了某项目的进度计划前导图。

⑫ 项目经理要求负责每个工作包的成员将自己工作包对与其相邻的两个工作包的"要求"输出和"方法"输入以书面形式写成文件提报给项目经理存档，如图 4-25 所示。

这样，制定某项目进度计划的会议就完成了。召开这个会议并不难，对这个会议的掌控是一个比较难的课题。

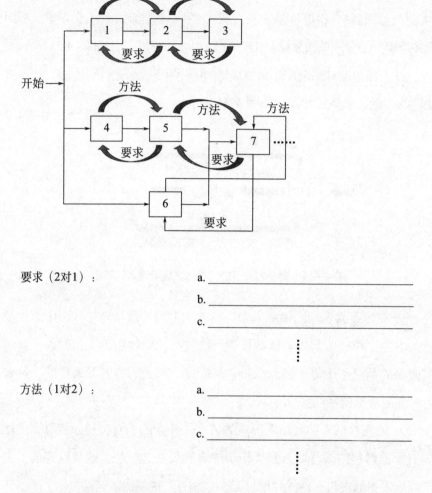

图 4-25 以书面形式记录的工作包之间的"方法"输入及"要求"输出样例

> 经过项目前导图中每条硬逻辑线上所有前后工作包完成人员的双向沟通,项目经理的项目进度计划才能顺利制定完成。

4.2.1.9 制作关键路径图

如果有一个项目已经完成了如下的工作:从项目的投资人和项目的用户那里获得了他们的所有需求;项目经理根据需求完成了"项目说明书";

把"项目说明书"中的"项目名称"作为该项目的最终目标,对最终目标进行了工作结构分解,从而得到一定数量的工作包;将每个工作包填入责任矩阵表中,谁"做"谁"管",职责分清;通过"项目进度计划制定会议",根据顺序逻辑关系的科学原理,确定了哪些工作包之间是硬逻辑关系,哪些工作包之间是软逻辑关系。那么项目经理已经具备了完成关键路径图的三大条件:

① 拥有工作包(任务)清单;

② 确定了工作包之间的顺序逻辑关系;

③ 知道每个工作包的工期。

具备了以上三点,现在项目经理便有能力开始制作项目进度计划管理工具之一——关键路径图。

假设有一个包含 12 个工作包的项目,其顺序逻辑关系如图 4-26 所示。现在开始做三步计算——正推算、逆推算和计算工期。

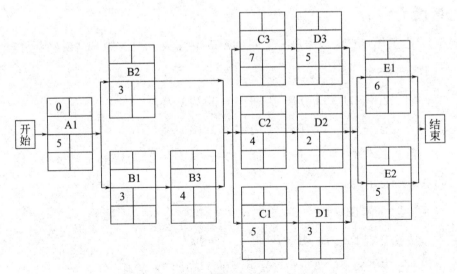

图 4-26 关键路径图案例(未完成)

第一步,正推算(沿着箭头的方向,从开始到结束),计算图 4-26 中每个工作包的 ES 和 EF。用"EF = ES + 工期"的方法计算 EF,硬逻辑时,前一个工作包的 EF 是下一个工作包的 ES，遇到软逻辑时，从软逻辑关系的工作包的 EF 中选一个数字最大的 EF，将它转换到下一个工作包的 ES，一直计算到最后的工作包为止，具体计算步骤如下。

① 工作包 A1：EF=ES+ 工期 =0+5=5（天），A1 的 EF 转换到工作包 B1 和 B2 的 ES；

② 工作包 B1：EF=ES+ 工期 =5+3=8（天），B1 的 EF 转换到工作包 B3 的 ES；

③ 工作包 B2：EF=ES+ 工期 =5+3=8（天）；

④ 工作包 B3：EF=ES+ 工期 =8+4=12（天），B3 的 EF 转换到工作包 C1、C2 和 C3 的 ES；

⑤ 工作包 C1：EF=ES+ 工期 =12+5=17（天），C1 的 EF 转换到工作包 D1 的 ES；

⑥ 工作包 C2：EF=ES+ 工期 =12+4=16（天），C2 的 EF 转换到工作包 D2 的 ES；

⑦ 工作包 C3：EF=ES+ 工期 =12+7=19（天），C3 的 EF 转换到工作包 D3 的 ES；

⑧ 工作包 D1：EF=ES+ 工期 =17+3=20（天）；

⑨ 工作包 D2：EF=ES+ 工期 =16+2=18（天）；

⑩ 工作包 D3：EF=ES+ 工期 =19+5=24（天），D3 的 EF 转换到工作包 E1 和 E2 的 ES；

⑪ 工作包 E1：EF=ES+ 工期 =24+6=30（天）（总工期）；

⑫ 工作包 E2：EF=ES+ 工期 =24+5=29（天）。

上面所说的"转换到"是指硬逻辑的顺序逻辑关系。

第一步计算的目的是算出总工期。经计算，此项目的总工期为 30 天。

第二步：逆推算（逆着箭头的方向，从结束到开始），计算图 4-26 中每个工作包的 LS 和 LF，用"LS=LF-工期"的方法计算 LS，硬逻辑时，后一个工作包的 LS 是前一个工作包的 LF，遇到软逻辑时，从软逻辑关系的工作包的 LS 中选一个数字最小的 LS，将它转换到上一个工作包的 LF，一直计算到最前面的工作包为止，具体计算步骤如下。

① 工作包 E1：LF=EF=30（天），LS=LF-工期 =30-6=24（天），E1 的 LS 转换到工作包 D1、D2 和 D3 的 LF；

② 工作包 E2：LF=30（天），LS=LF-工期 =30-5=25（天）；

③ 工作包 D1：LS=LF-工期 =24-3=21（天），D1 的 LS 转换到工作包 C1 的 LF；

④ 工作包 D2：LS=LF-工期 =24-2=22（天），D2 的 LS 转换到工作包 C2 的 LF；

⑤ 工作包 D3：LS=LF-工期 =24-5=19（天），D3 的 LS 转换到工作包 C3 的 LF；

⑥ 工作包 C1：LS=LF-工期 = 21-5=16（天）；

⑦ 工作包 C2：LS=LF-工期 =22-4=18（天）；

⑧ 工作包 C3：LS=LF-工期 =19-7=12（天），C3 的 LS 转换到工作包 B2 和 B3 的 LF；

⑨ 工作包 B2：LS=LF-工期 = 12-3=9（天）；

⑩ 工作包 B3：LS=LF-工期 =12-4=8（天），B3 的 LS 转换到工作包 B1 的 LF；

⑪ 工作包 B1：LS=LF-工期 =8-3=5（天），B1 的 LS 转换到工作包 A1 的 LF；

⑫ 工作包 A1：LS=LF-工期 =5-5= 0（天）。

上面所说的"转换到"是指硬逻辑的顺序逻辑关系。

第二步计算的目的是准备计算浮动时间。

第三步：正式计算浮动时间。浮动时间的计算公式是：浮动时间 =LS-ES 或浮动时间 =LF-EF。当 LS-ES=0（天）和 LF-EF=0（天）时，也就是说当 LS=ES 和 LF=EF 的时候,这个工作包的浮动时间等于零。图 4-26 中每个工作包浮动时间的具体计算步骤如下。

① 工作包A1：LF-EF=5-5=0（天），LS-ES=0-0=0（天），浮动时间为0天；

② 工作包B1：LF-EF=8-8=0（天），LS-ES=5-5=0（天），浮动时间为0天；

③ 工作包B2：LF-EF=12-8=4（天），LS-ES=9-5=4（天），浮动时间为4天；

④ 工作包B3：LF-EF=12-12=0（天），LS-ES=8-8=0（天），浮动时间为0天；

⑤ 工作包C1：LF-EF=21-17=4（天），LS-ES=16-12=4（天），浮动时间为4天；

⑥ 工作包C2：LF-EF=22-16=6（天），LS-ES=18-12=6（天），浮动时间为6天；

⑦ 工作包C3：LF-EF=19-19=0（天），LS-ES=12-12=0（天），浮动时间为0天；

⑧ 工作包D1：LF-EF=24-20=4（天），LS-ES=21-17=4（天），浮动时间为4天；

⑨ 工作包D2：LF-EF=24-18=6（天），LS-ES=22-16=6（天），浮动时间为6天；

⑩ 工作包D3：LF-EF=24-24=0（天），LS-ES=19-19=0（天），浮动时间为0天；

⑪ 工作包E1：LF-EF=30-30=0（天），LS-ES=24-24=0（天），浮动时间为0天；

⑫ 工作包E2：LF-EF=30-29=1（天），LS-ES=25-24=1（天），浮动时间为1天。

已经计算出了整个项目30天的总工期和每个工作包的浮动时间（图4-27）。从计算结果中可以看出有6个工作包的浮动时间是零，由于关键路径上的工作包都不具有浮动时间，且没有浮动时间的工作包一定在关键路径上,所以很容易得出图 4-27 的关键路径是:A1—B1—B3—C3—D3—E1。

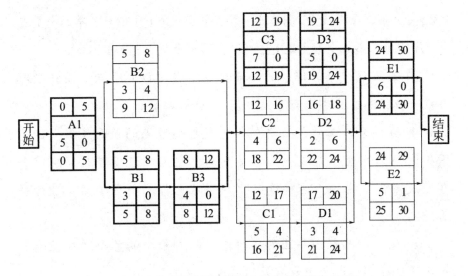

图 4-27　关键路径图案例(完整的关键路径图)

参照图 4-27 的关键路径图,将项目在实施过程中的进度控制节点展示出来,得到项目的进度控制线(图 4-28)。

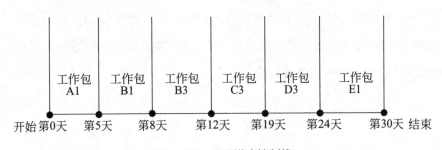

图 4-28　项目进度控制线

解释

① 根据已经完成的关键路径图,把在关键路径(开始—A1—B1—B3—C3—D3—E1—结束)上的每一个工作包的 EF 数字作为该项目的进度控制节点。

② 除去开始是零这个点不算,该项目一共有 6 个进度控制节点,

分别为第5天、第8天、第12天、第19天、第24天、第30天。如果该项目的正式实施时间是某年1月的1日,那么在日历上的第一个节点是1月5日,第二个节点是1月8日,第三个节点是1月12日,第四个节点是1月19日,第五个节点是1月24日,第六个节点是1月30日。

③ 如果哪一个工作包的工期超过了进度控制节点,项目经理可以一目了然,立即进行事后处置。

④ 假设某此工作包已进展到进度控制节点的前面几天,但是根据这些工作包已完成的工作量判断,它们在进度控制节点前全部完成是不可能的。这种情况项目经理也可以一目了然,进行事前控制。

⑤ 从关键路径图导出的项目进度控制线中的各个进度控制节点是项目在实施过程中最有效的进度控制工具。

4.2.1.10 包含2条关键路径的关键路径图特例

现在又有一个问题摆在项目经理面前:有没有可能在同一张关键路径图中出现2条或2条以上的关键路径?答案是:完全有可能出现,只是这种情况发生的概率比较低。那么存在2条或2条以上的关键路径是好事还是坏事?答案是:肯定是坏事。

假设有一个项目,对这个项目进行工作结构分解后得到了7个工作包,然后通过对这7个工作包进行顺序逻辑关系的分析,完成了项目的关键路径图,如图4-29所示。

解释

① 关键路径图中的工作包采用A形式进行绘制。

② 工作包工期的单位是天,假设这是个工程类项目,周末和国家法定节假日不停工。

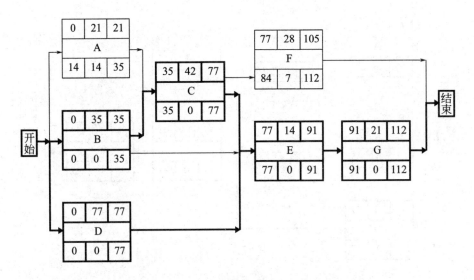

图 4-29　具有 2 条关键路径的关键路径图

③ 可以清晰地看到，项目的关键路径图中有 2 条关键路径。一条是：开始—B—C—E—G—结束；另一条是：开始—D—E—G—结束。

④ 同一张关键路径图中含有 2 条或 2 条以上的关键路径为什么是坏事？原因在于，项目总共才干 7 个（工作包总数）"活"，其中竟然有 5 个"活"（工作包 B、D、C、E 和 G）都没有浮动时间，其难度可想而知。

既然关键路径上每个工作包的工期是由项目经理来设定的，那么关键路径是 1 条还是多条，项目经理是可以掌控的。项目经理应该完全有能力把图 4-29 中的 2 条关键路径变成 1 条关键路径。改变方法有 2 种。

第一种方法是：在工作包 B、C、D 中选择一个技术含量和要求相对比较低的、简单的工作包，将这个工作包的工期减少 2 天（一般预估工作包的工期时都会比较保守，会额外留有 1~2 天的时间）。假设项目经理选择工作包 B，并将其工期减 2 天改为 33 天，那么原来的关键路径图 4-29 就变成了关键路径图 4-30。

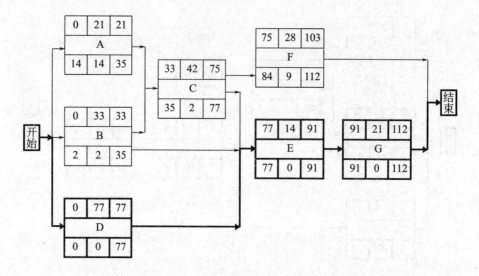

图 4-30　使用方法一得到的新关键路径图（只有 1 条关键路径）

图 4-30 的关键路径是：开始—D—E—G—结束，总工期仍然是 112 天，但是关键路径只有一条了，更便于项目经理进行项目进度的控制。

第二种方法是：在工作包 B、C、D 中选择一个技术含量和要求相对比较高的、复杂的工作包，将这个工作包的工期再增加 3 天（完成工作包的成员都同意再增加 3 天）。假设选择工作包 C，并将其工期增加 3 天变为 45 天，那么关键路径图就由图 4-29 变成了图 4-31。

图 4-31 中的关键路径是：开始—B—C—E—G—结束。由于工作包 C 的工期增加了 3 天成为 45 天，所以总工期由 112 天变成了 115 天。虽然总工期变长了，但好处是关键路径只有 1 条了，这给项目进度的控制提供了方便。

从项目实施过程中的进度控制角度来讲，采用第一种方法比较合适，因为第一种方法只需控制 3 个工作包（工作包 D、E 和 G）。特别需要注意的是，在制作前导图的时候，切记不要造成软逻辑关系的工作包工期相同的局面，如图 4-32 所示。

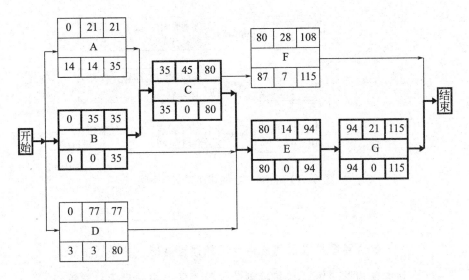

图 4-31 使用方法二得到的新关键路径图（只有 1 条关键路径）

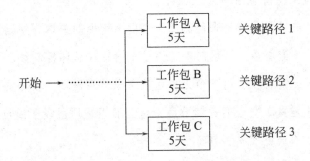

图 4-32 含有工期相同的软逻辑工作包的前导图

因为，如果有一个项目有 3 个软逻辑关系的、工期都是 5 天的工作包，这无疑就人为造成了项目有 3 条关键路径的局面，自己给自己增添麻烦。工作包的工期既然是人为设定的，那么项目经理还是需要使用原来的方法，对工期进行调整：选择一个技术含量和要求相对比较高、复杂的工作包，把它的工期增加 1 天；选择一个技术含量和要求相对比较低、简单的工作包，把它的工期减少 1 天；容易控制工期的工作包保持原有的 5 天工期。这样，关键路径就只有 1 条了，如图 4-33 所示。

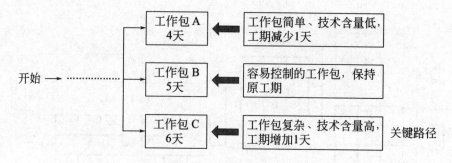

图 4-33　图 4-32 的修正方法示意图

> 关键路径图是以现代应用数学为理论基础、在项目的运筹规划中使用的进度计划和控制的最新工具，是一代代科学家和管理学家的智慧结晶。
> - 关键路径图是项目时间（进度）管理的总体计划图。
> - 关键路径是项目时间（进度）管理的总体控制线。
> - 关键路径上每一个工作包的最早结束时间（EF）是项目时间（进度）管理的控制节点，这些节点是项目在实施过程中最有效的进度控制工具。

4.2.2　甘特图

4.2.2.1　甘特图的定义

甘特图（gantt chart）是工作包工期在日历上的表现形式，每一个工作包在甘特图中显示的是"最早开始时间到最早结束时间"，每一个工作包最早结束时间与最早开始时间的差值表示这个工作包的工期。

4.2.2.2　甘特图制作的注意事项

工作包的工期在甘特图中的表示方法如图 4-34 所示。

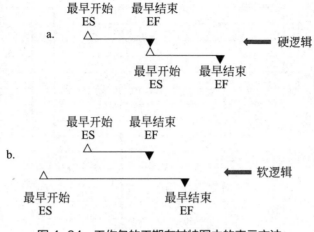

图 4-34　工作包的工期在甘特图中的表示方法

在甘特图中使用空心三角箭头朝上对准 ES 日期的左垂直线；使用实心三角箭头朝下对准 EF 日期的右垂直线。

4.2.2.3　两种不同形式甘特图的制作方法

形式一，周末及国家法定节假日需休息的项目的甘特图，如图 4-35 所示（以图 4-27 案例为例，总工期为 30 天）。

解释

① 此甘特图是专为遇到周末和国家法定假日需要休息的项目使用的。

② 箭线上标有工作包的编号、工期和休息天数。例如第一个工作包编号是 A1，1 号开始，7 号结束，工期是 5 天，"（2）"表示周末休息 2 天，箭线长度是 7 天（工期 5 天 + 休息 2 天）。

③ 从图中可以清晰地看到项目是某年某月的 1 日正式开始，到下个月的 11 日正式结束。

形式二，周末及国家法定节假日不休息的项目的甘特图，如图 4-36 所示（以图 4-27 案例为例，总工期为 30 天）。

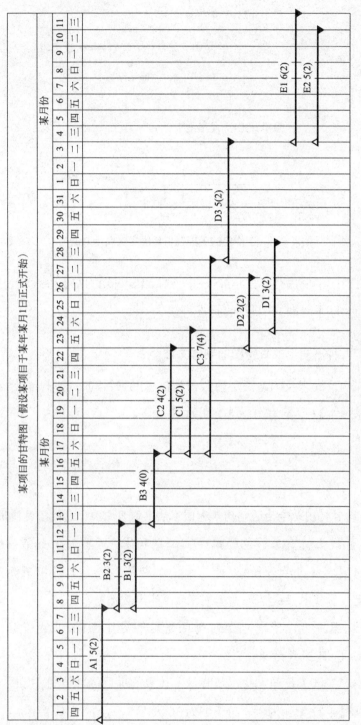

图4-35 图4-27案例的甘特图(项目含休息日)

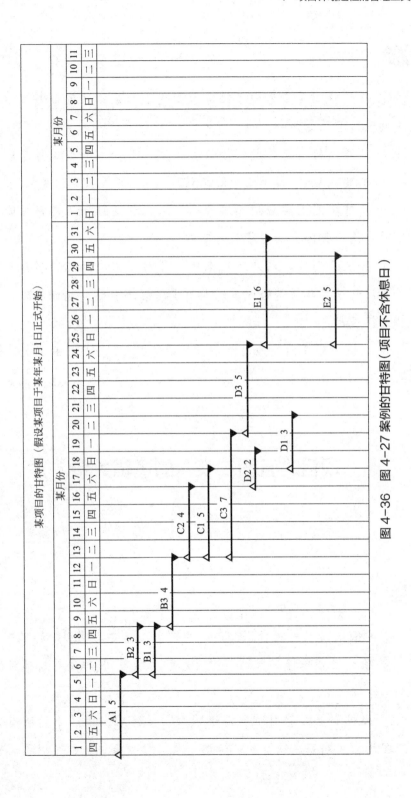

图 4-27 案例的甘特图(项目不含休息日)

解释

① 此甘特图是专为由于特殊原因周末和国家法定节假日不能停工的项目使用的。

② 箭线上标有工作包的编号和工期。例如第一个工作包编号是A1，工期是5天，从1日开始到5日结束，箭线长度也是5天。

③ 此甘特图主要应用于工程项目，工程项目由于各种原因工期很紧，周末和国家法定节假日不能停工。

④ 如果遇到这种周末及国家法定节假日不能停工的项目，需额外关注此项目单位是否向加班人员支付经济补偿，确保加班行为符合法律规定。

⑤ 从图中可以清晰地看到项目是某年某月的1日正式开始，到该月的30日正式结束。

4.3 项目"五图二表"的逻辑关系

"五图二表"逻辑关系导向图如图4-37所示。

解释

① 项目的源头是投资人和用户的需求，需要考虑法规的限制。

② 项目经理根据需求编写"项目说明书"，其作用是对项目做一个总体描述。

③ 公司高层领导对"项目说明书"认可后，团队中的所有项目经理开始共同完成项目的"二图一表"立项报告，也可以称为项

目的初步方案或项目的框架计划。

④ 立项报告"二图一表"被投资人、公司高层领导批准后，项目经理开始做项目的正式范围计划：工作分解结构图和责任矩阵表。

⑤ 完成项目中所有工作包的排序，制成项目前导图，进一步做出含有总工期的关键路径图。

⑥ 最后把每个工作包的工期线显示在日历中，完成具有日历时间长度的甘特图。

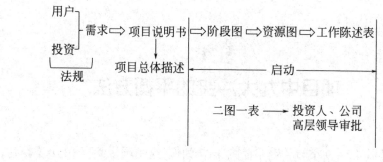

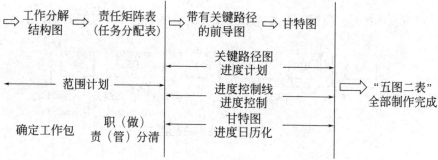

图 4-37　项目"五图二表"逻辑关系导向图

此时，项目的"五图二表"就已全部完成。"五图二表"是项目管理万里长征的第一步，后面只要按照"五图二表"中的内容将项目的每一步都控制好，项目如期完成的可能性就会很大。

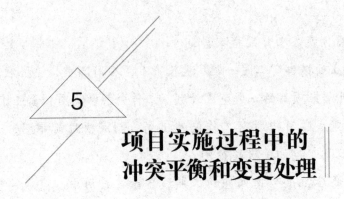

5 项目实施过程中的冲突平衡和变更处理

5.1
项目中九大冲突的平衡方法

还是以 4.2.1.9 小节关键路径图 4-27 为例,这个项目共有 12 个工作包,总工期是 30 天,项目的进度控制线和关键路径上的工作包如图 5-1 所示。

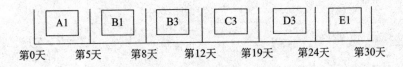

图 5-1　图 4-27 案例的进度控制线

从已知信息及图 5-1 中,可以得到如下信息。

① 项目的进度控制点是:第 5 天、第 8 天、第 12 天、第 19 天、第 24 天、第 30 天。

② 项目总工期为 30 天,此项目只是个中型项目,不算大型项目。

③ 从硬逻辑关系的工作包和软逻辑关系的工作包的分布情况上可以看出此项目是先易后难。从第 1 天到第 12 天,项目相对比较容易管理,因为软逻辑关系的工作包较少;从第 12 天一直到第 30 天项目结束,项目

相对难以管理，因为软逻辑关系的工作包较多。也就是说此项目在实施到第 12 天的时候，出现了从容易到困难的拐点。

④ 在拐点上的工作包是 B3，由于这个工作包在关键路径上，又没有浮动时间，而且后面紧跟的软逻辑关系的工作包数量最多，所以 B3 被认为是该项目中最难控制的工作包（key work package），这个工作包的 EF 被定义为"危险节点"。

从图 5-1 中看到了项目的很多特征，这些特征可以帮助项目经理解决项目实施过程中的很多问题。下面就图 4-27 这个项目案例介绍一下项目在实施过程中都或多或少会遇到的一些问题，也就是项目在实施过程中可能产生的九大冲突。假设图 4-27 的项目从某月的 1 日开始，到该月的 30 日结束。

（1）各软逻辑关系的工作包对项目经理精力需求的冲突

项目经理每天工作时间是 8 小时，由于软逻辑关系的工作包的存在，这些工作包同时需要一定数量的资源（项目经理每天 8 小时的工作时间也是一种资源），这势必产生软逻辑关系的工作包对项目经理精力需求的冲突。所以要求项目经理将每天 8 小时的时间资源中的 80% 用于关键路径上的工作包（因为关键路径上的工作包没有浮动时间）。

（2）危险节点上的工作包与关键路径上的其他工作包对项目经理精力需求的冲突

项目共有 6 个工作包在关键路径上，其中有一个"重中之重"的工作包就是 B3，也就是前面提到的最难控制的工作包，因为它在危险节点上，并且它是 3 个软逻辑关系的工作包的前导工作包，因此项目经理需对它投入更多的精力。用数字表达：8 小时 × 80%=6.4 小时（作为关键路径上的工作包应得到重视），6.4 小时 × 80%=5.12 小时（作为危险节点上的工作包更应得到重视）。也就是说，项目进行到 B3 工作包的时候，项目经理应该对它格外重视，每天应至少投入 5.12 小时在 B3 工作包上。

（3）各软逻辑关系的工作包对于人力资源需求的冲突

关键路径上的工作包对于人力资源有着特殊的技术要求，需要具有特殊技术能力的人力资源来完成。当不在关键路径上的工作包也需要相同的具有特殊技术能力的人力资源时，冲突就产生了。由于关键路径上的工作包能否按时完成，决定了项目能否在总工期内按时完成，因此，非关键路径上的工作包只能"让位"，将人力资源优先给关键路径上的工作包使用。此冲突是人力资源冲突中最明显的表现。

（4）各软逻辑关系的工作包对于设备需求的冲突

（5）各软逻辑关系的工作包对于设施需求的冲突

（6）各软逻辑关系的工作包对于资金需求的冲突

如果项目在实施过程中遇到软逻辑关系的工作包同时对设备、设施、采购所需的资金（物和财）有同时使用的需求，应将资源给予关键路径上的工作包优先使用。

（7）各软逻辑关系的工作包对风险的预见（应对）需求的冲突

应优先预见（应对）关键路径上工作包的风险。风险预见（应对）的方法参见 2.3 节内容。

（8）不同工作包对沟通需求的冲突

由于时间、精力有限，所以项目经理在项目实施过程中的沟通是有顺序的：

第一沟通——针对"危险节点"上的工作包与完成人员进行沟通；

第二沟通——针对关键路径上外包单位完成的工作包，与外包单位进行沟通；

第三沟通——针对关键路径上公司内部跨部门协调完成的工作包，与公司内部相关部门人员进行沟通；

第四沟通——针对关键路径上的且完成人员与项目经理是同一个部门的工作包与部门同事进行沟通。

（9）不同工作包对"加班需求"的冲突

如果由于某些原因关键路径上的工作包没有在控制节点前完成，但计划完成时间与控制节点相差的时间不是很多，例如图 4-27 的项目，如果此项目的工作是某月 1 日开始，按计划做到某月 8 日时应该完成工作包 A1、B2 和 B1，但是由于一些原因，到了 8 日下午 5：00 下班时，工作包 B1 还没有完成，还需要 2~3 小时才能完成，此时最直接的解决问题的方法就是加班。问题是加班加在哪里呢？项目经理必须有统筹全局考虑问题的能力。加班需要增加额外的费用，在考虑进度的同时，也不能不考虑成本。因此对于加班，有个普遍的原则，那就是为关键路径上人工最便宜的工作包加班。

以上 9 点都是项目在实施过程中或多或少会发生的状况，管理学家把这些状况叫作"冲突"，从 9 个冲突中可以理解到，所谓冲突，无非就是项目在执行过程中，软逻辑关系的工作包都想优先使用同一个资源。有了关键路径图，有了华罗庚的优选法数学理论，项目经理做事情就有了方向，这个方向就是让关键路径上的工作包优先使用资源、为关键路径上人工最便宜的工作包加班。这就是九大冲突平衡法。

5.2 项目变更

5.2.1 项目变更的控制程序

项目变更的控制程序包括变更授权，变更审核，变更评估。

（1）变更授权

如果项目规模较大、技术难度较大，在项目执行的过程中经常需要进行现场变更。由于项目的交付物是由一个或一些具体用户的真实需求而产生的,且投资人为了得到交付物投入了资金,每一个项目经理只是服务于该项目的用户和投资人,因此只有项目的用户和投资人拥有对项目提出变更的权力。

(2)变更审核

如果项目需要变更,首先,要审核变更是否违反法规的规定;其次,要审核变更在技术上是否可行;再次,要审核目前具备的技术和管理能力是否能达到变更的要求;最后,要审核变更所需的人力、物力和财力情况是否满足变更的要求。

(3)变更评估

因为变更是一种质的变化,项目的原计划会被修改,甚至有些项目的计划会被全部推翻,所以判断项目经理是否有能力来完成变更尤为重要。必须对项目经理的技术、管理、沟通和应变能力进行一系列的评估,确保他可以满足项目用户或投资人的变更需求。

5.2.2 常用的五大变更种类及处理方法概述

(1)时间(进度)失控

重设基准线法,详见 5.2.3 小节。

(2)客户扩大范围(在原工作分解结构范围内)

将原范围内的工作做完,从新起点继续实施扩大的部分,通过进一步计算可以获得以下三种情况中的一个:

① 扩大范围的工作包在原来的关键路径上,原工期加上扩大部分的工期等于新的工期;

② 扩大范围的工作包在原来的非关键路径上,这条非关键路径的工期加上扩大部分的工期还是小于原来关键路径的工期,变更后的工期等于原来的工期;

③ 扩大范围的工作包在原来的非关键路径上，这条非关键路径的工期加上扩大部分的工期大于原来关键路径的工期，改变原来的关键路径，变更后的工期等于新关键路径的工期。

（3）客户新增范围（不在原工作分解结构范围内）

结束原来的项目，将新增加的范围作为一个新的项目，再次制定新项目的"三图一表"：工作分解结构图、责任矩阵表、关键路径图和甘特图。

（4）成本失控

挣值法，增加成本的控制点来确保成本的平衡，将成本使用的"空间"限制在一个更小的区间内。

（5）预算减少

ABC 加权排序法（管理学方法）及临时最低预算法（财务学方法）。

项目管理中最常见的变更为上述五种变更，其中，第（1）种和第（4）种变更可能是由项目经理能力（沟通能力、领导能力、组织能力、执行能力）不足造成的，也有可能是由项目外部的原因（恶劣天气、经济下滑、投资人更换等）造成的。第（2）种、第（3）种和第（5）种变更是由项目的投资人（公司高层领导）或项目的用户（项目结束后的实际使用者）在项目实施过程中提出的。这两类人愿意花钱，希望能够变更，项目经理就没有理由不执行变更。

> 正确的行动取决于正确的思维导向；
> 正确的思维导向取决于正确的理论指导。

项目计划不全面、市场调研数字偏差较大、部分项目经理的能力欠缺会造成项目在实施过程中经常出现进度的变更。下面详细介绍进度变更的处理方法。

5.2.3 项目进度变更的处理方法

还是以第 4 章的关键路径图 4-27 为例，通过这张图可以清晰地看到：这个项目的总工期是 30 天，假设项目的正式开始日期是某月的 1 日，但是项目刚开始就遇到了各种不可预见的风险，甚至还有意外，项目进展极不顺利，勉强完成了 A1、B1 和 B2 后，已经是第 15 天了。在关键路径图 4-27 中的原计划工期应该是 5 天（A1）+3 天（B1）=8 天，目前项目状态已经很糟糕了。

这已经不是加班能够解决的问题了，可以说项目的进度已经失控了，项目的原始关键路径图中所有的工期数字已经失效，项目经理必须重新再做出修正后的新版关键路径图。

原有的进度基准线已经被破坏，项目经理不应该将宝贵的时间花费在寻找失败的原因而将项目停止下来，而是应该先把情况记录下来，等到项目完全结束后，将所有的教训写进项目文档，然后对每一个教训进行讨论研究，找出源头。

> 能够做到"今天的教训就是明天的经验"，你就是一个完美的管理者。

对原有关键路径图的进度计划进行修正的方法被定义为"重设基准线"（re-leveling）。由于项目进度处于失控的状态，需对未完成的工作包进行计算，把"开始"移到"出事"工作包 B1 的后面（15 天已经过去了），从工作包 B3 开始重新计算修正计划后的总工期（图 5-2）。

第一步，图 5-2 的正推算（沿着箭头的方向，从开始到结束），从 ES 计算到 EF。

① 工作包 B3：ES=0（天），工期为 4（天），EF=ES+工期=0+4=4（天）。

② 因为是硬逻辑的关系，工作包 B3 的 EF 是工作包 C1、C2 和 C3 的 ES。

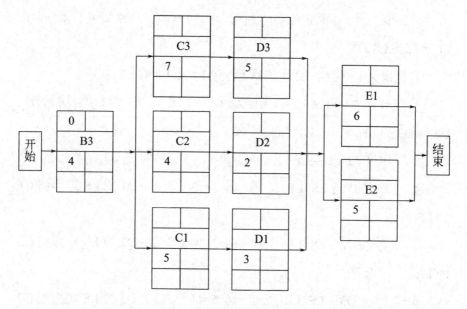

图 5-2 重设基准线后的前导图（未完成）

③ 工作包 C1：EF=ES+工期=4+5=9（天），C1 的 EF 转换到工作包 D1 的 ES。

④ 工作包 C2：EF=ES+工期=4+4=8（天），C2 的 EF 转换到工作包 D2 的 ES。

⑤ 工作包 C3：EF=ES+工期=4+7=11（天），C3 的 EF 转换到工作包 D3 的 ES。

⑥ 工作包 D1：EF=ES+工期=9+3=12（天）。

⑦ 工作包 D2：EF=ES+工期=8+2=10（天）。

⑧ 工作包 D3：EF=ES+工期=11+5=16（天），D3 的 EF 转换到工作

包 E1、E2 的 ES。

⑨ 工作包 E1：EF=ES+工期=16+6=22（天）（修正后的总工期）。

⑩ 工作包 E2：EF=ES+工期=16+5=21（天）。

上面所说的"转换到"是指硬逻辑的顺序逻辑关系。

第二步，图 5-2 的逆推算（逆着箭头的方向，从结束到开始），从 LF 计算到 LS。

① 把最大工期数字 22 添加到工作包 E1 和 E2 的 LF 中。

② 工作包 E1：LS=LF-工期=22-6=16（天），E1 的 LS 转换到 D1、D2 和 D3 的 LF。

③ 工作包 E2：LS=LF-工期=22-5=17（天）。

④ 工作包 D1：LS=LF-工期=16-3=13（天），D1 的 LS 转换到 C1 的 LF。

⑤ 工作包 D2：LS=LF-工期=16-2=14（天），D2 的 LS 转换到 C2 的 LF。

⑥ 工作包 D3：LS=LF-工期=16-5=11（天），D3 的 LS 转换到 C3 的 LF。

⑦ 工作包 C1：LS=LF-工期=13-5=8（天）。

⑧ 工作包 C2：LS=LF-工期=14-4=10（天）。

⑨ 工作包 C3：LS=LF-工期=11-7=4（天），C3 的 LS 转换到 B3 的 LF。

⑩ 工作包 B3：LS=LF-工期=4-4=0（天）。

上面所说的"转换到"也是指硬逻辑的顺序逻辑关系。

第三步，正式计算浮动时间。（浮动时间的计算公式是：浮动时间=LS-ES 或浮动时间=LF-EF。）

① 工作包 B3：LS-ES=0-0=0（天），LF-EF=4-4=0（天），浮动时间为 0 天。

② 工作包 C3：LS-ES=4-4=0（天），LF-EF=11-11=0（天），浮动

时间为 0 天。

③ 工作包 C2：LS-ES=10-4=6（天），LF-EF=14-8=6（天），浮动时间为 6 天。

④ 工作包 C1：LS-ES=8-4=4（天），LF-EF=13-9=4（天），浮动时间为 4 天。

⑤ 工作包 D3：LS-ES=11-11=0（天），LF-EF=16-16=0（天），浮动时间为 0 天。

⑥ 工作包 D2：LS-ES=14-8=6（天），LF-EF=16-10=6（天），浮动时间为 6 天。

⑦ 工作包 D1：LS-ES=13-9=4（天），LF-EF=16-12=4（天），浮动时间为 4 天。

⑧ 工作包 E1：LS-ES=16-16=0（天），LF-EF=22-22=0（天），浮动时间为 0 天。

⑨ 工作包 E2：LS-ES=17-16=1（天），LF-EF=22-21=1（天），浮动时间为 1 天。

通过上面的计算可以得出，工作包 B3、C3、D3 和 E1 的浮动时间等于 0 天，也就是说，这 4 个工作包都没有浮动时间。于是得到修正后的关键路径图（图 5-3），并且可以很清晰地看到图中 B3、C3、D3 和 E1 这 4 个硬逻辑关系的工作包连接成的这条线就是这个项目修正后的关键路径。关键路径上工作包的工期之和为 22 天，也就是说重新设置了基准线后，新工期为 22 天。新的进度控制节线，如图 5-4 所示。

修正后的进度控制节点是：第 4 天、第 11 天、第 16 天、第 22 天，由工作包 B3、C3、D3 和 E1 组成。

该项目已经使用了 15 天工期（工作包 A1、B1 和 B2），又继续使用了 22 天工期（工作包 B3、C1、C2、C3、D1、D2、D3、E1 和 E2），项目实际总工期是 37 天（15 天 +22 天）。

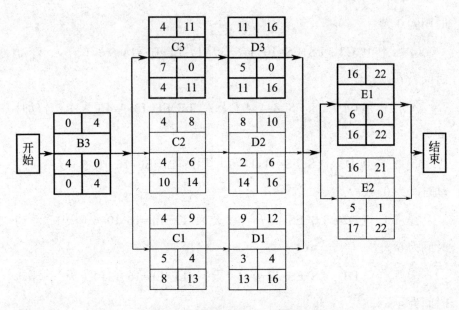

图 5-3 修正后的关键路径图

图 5-4 修正后的进度控制线

重设基准线是项目进度变更的唯一工具。项目进度一旦失控，解决问题的唯一的方法就是重新设定基准线。

在项目中发生任何偏离原有 T、Q、C 计划的事件时，项目经理不要慌张，要静下心来，仔细分析当前的情况。如果有能够平衡 T、Q、C 的办法，马上采取行动。如果没有平衡 T、Q、C 的办法，马上重新做出新的计划，并按照新的计划开始新一轮的实施，同时将新的计划图表呈送公司高层领导审核。

项目经理是一个项目的最高管理者，他有权力在项目发生异常情况时马上做出变更的决定。"将在外，君命有所不受"，这句话真实地反映了，任何一家公司的最高管理者（君）都应该授予被任命的项目经理（将）

现场解决问题的权力。

从图 5-5 中可以看出,"五图二表"中最重要的是工作分解结构图和关键路径图,有了这两个关键绩效指标图,项目经理就有能力解决项目在实施过程中的冲突、处理项目进度的变更。

1. 项目启动计划
   a. 项目阶段图
   b. 项目资源图
   c. 项目工作陈述表

   使用工具:
   1. 标杆类比法
   2. 历史记录法
   3. 专家咨询法

2. 项目范围计划
   a. 项目工作分解结构图
   b. 项目责任矩阵表

   使用工具:
   1. 工作内容从属逻辑分解
   2. 谁"做"谁"管"职责分清

3. 项目进度计划
   a. 带有关键路径的前导图
   b. 甘特图

   使用工具:
   1. 确定工作包之间的顺序逻辑关系
   2. 使用运筹学3步法计算工期

4. 项目进度控制
   a. 关键路径上每一个工作包的最早结束时间是该项目进度控制的节点
   b. 关键路径(把所有节点连成线)是项目进度管理的总体控制线

   使用工具:
   1. 确定关键路径上的时间节点
   2. 建立最长的关键路径

5. 项目冲突平衡

   使用工具:
   1. 九大冲突的平衡方法
   2. 重设基准线的变更计算

6. 项目进度变更

图 5-5 "五图二表"及项目冲突与变更总结图

项目管理的基础工具"五图二表"已经全部介绍完了,相信各位读者已经从"五图二表"的相关知识中获得了项目计划的制定方法,以及项目实施过程中的一系列冲突和变更的解决方法。

制作"五图二表"需要花费一定的时间,目前市面上有很多商业性的项目管理工具软件，例如 Project 软件等，这些软件系统为项目经理的工作提供了方便，节约了时间，但同时它们也给不少项目经理带来了新的问题。

① 假设在一个产品开发项目中，不同项目经理的能力不同，他们做出来的工作分解结构图就会有所不同。能力强的项目经理会把阶段分解得相当细致，能力弱的项目经理就会把阶段分解得相对较粗。很显然这是两个不一样的工作分解结构图，但目前项目管理软件的智能程度还没有达到能够识别人的能力水平，因此制作工作分解结构图使用 Excel 软件比较好。

② 假设在一个产品开发项目中，项目经理所在的公司不同，做出来的关键路径图也会不一样。资源充裕的公司的项目经理，其关键路径图中的软逻辑关系的工作包的数量就会相对多一点，项目总工期就会相应地短。资源匮乏公司的项目经理，其关键路径图中的软逻辑关系的工作包就会相对少一点，项目总工期就会相应地长。两位项目经理会做出两个不一样的关键路径图，但目前项目管理软件的智能程度还没有达到能够识别企业资源的数量，因此，制作关键路径图同样也是使用 Excel 软件较好。

因此，综合考虑项目管理工具软件的特点，如果项目有点复杂且工作包数量多，建议使用项目管理商业软件；如果项目相对简单且工作包数量少，建议使用 Excel 软件作图、作表。

目前项目管理工具软件中最适合项目经理使用的是 Visio 软件，它既能写字，又能作图和作表。

下面将进一步探讨项目管理全过程中对 T、Q、C 在计划时（事先）的控制、在实施时（事中）的控制和在发生变更时（事后）的控制，还将更深入地探讨几个项目同时进行时的高级项目管理（多项目管理，项目群组管理）的理念和方法。

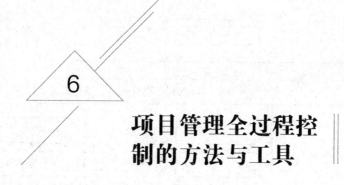

6 项目管理全过程控制的方法与工具

在项目中,一个有能力的项目经理既是一个战略家,又是一个系统工程的总指挥。项目经理必须具备多种能力,其中最重要的能力是沟通能力、制定计划的能力以及在项目实施过程中对项目的控制能力。前两个能力在前面已经详细介绍过,下面将通过学习不同项目阶段中的 T、Q、C 的控制方法和工具,来提升项目经理对项目的控制能力。本章将分别从项目计划制定过程(事先)的控制,项目实施过程(事中)的控制和项目变更处理过程(事后)的控制进行介绍。

6.1 进度(时间)管理全过程控制

6.1.1 进度计划(事先)控制

6.1.1.1 通过关键路径图制定项目进度计划

先对一个案例项目做进度计划,假设项目经理已经完成了名为"阿尔法"项目的工作分解结构图和责任矩阵表,如图 6-1 和表 6-1 所示。

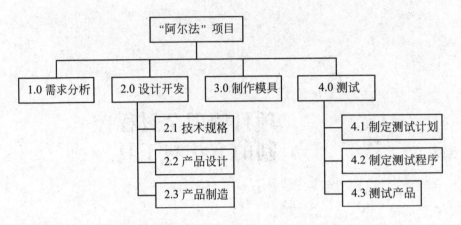

图 6-1 "阿尔法"项目的工作分解结构图

解释

① "阿尔法"项目共 8 个工作包,分别是 1.0、2.1、2.2、2.3、3.0、4.1、4.2 和 4.3。

② 因为是研发项目,所以此项目以技术为主,以新产品交付为最终目标。

③ 从工作分解结构图中可以看出这是个新产品研发项目。

④ 此项目的主要工作集中在设计开发和测试上。

⑤ 由于是研发型项目,人力资源主要是公司内部人员。

表 6-1 "阿尔法"项目的责任矩阵表

工作包编号	工作分解结构编号	工作包内容	工作包所需工期	工作包完成人(做)	工作包质量标准	工作包责任人(管)	前导工作包编号
1		开工					
2	1.0	需求分析	25 天	销售、研发各 1 名	用户需求		1
3	2.1	技术规格	15 天	研发、生产、质量、工艺各 1 名	外形尺寸 机械性能 电器性能		(1.0)2

续表

工作包编号	工作分解结构编号	工作包内容	工作包所需工期	工作包完成人（做）	工作包质量标准	工作包责任人（管）	前导工作包编号
4	3.0	制作模具	35天	模具、质量各1名	用户需求 内部结构 外部尺寸		（1.0）2
5	4.1	制定测试计划	35天	产品测试、设备测试各1名	测试标准 测试步骤		（1.0）2
6	2.2	产品设计	45天	设计、研发各1名	用户需求 工艺流程 设备配套		（2.1）3 （3.0）4
7	4.2	制定测试程序	25天	全套测试1名	测试流程 测试参数		（3.0）4 （4.1）5
8	2.3	产品制造	60天	制造、车间管理各6名	工艺流程 生产现场 安全管理		（2.2）6
9	4.3	测试产品	20天	全套测试2名	整套测试标准		（3.0）4 （2.3）8 （4.2）7
10		完工					（4.3）9

解释

①任务1和任务10分别是"开始"和"结束"，只是两个标记，不是工作包。

②前导工作包编号中的工作包编号格式为：工作分解结构编号写在括号内，责任矩阵表编号写在工作分解结构编号的后面，括号外。

③表6-1中各个工作包之间的相对顺序是在"项目进度计划制定会议"中正式确认的，参阅4.2.1小节中的相关内容。

④根据表6-1中的前导工作包信息，可以完成"阿尔法"项目的前导图，如图6-2所示。

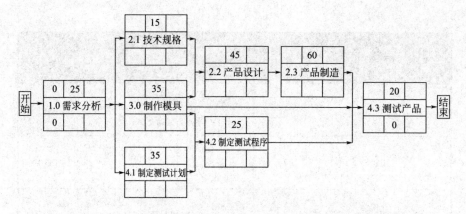

图 6-2 "阿尔法"项目的前导图（部分工作包信息未填写）

⑤ 根据图 6-2 中的工作包排序及每个工作包的工期进行计算，计算过程如下。

图 6-2 的正推算（沿着箭头的方向，从开始到结束），从 ES 计算到 EF：

a. 工作包 1.0：EF=ES+工期=0+25=25（天），工作包 1.0 的 EF 转换到工作包 2.1、3.0 和 4.1 的 ES；

b. 工作包 2.1：EF=ES+工期=25+15=40（天）；

c. 工作包 3.0：EF=ES+工期=25+35=60（天），工作包 3.0 的 EF 转换到工作包 2.2 和 4.2 的 ES；

d. 工作包 4.1：EF=ES+工期=25+35=60（天）；

e. 工作包 2.2：EF=ES+工期=60+45=105（天），工作包 2.2 的 EF 转换到工作包 2.3 的 ES；

f. 工作包 4.2：EF=ES+工期=60+25=85（天）；

g. 工作包 2.3：EF=ES+工期=105+60=165（天），工作包 2.3 的 EF 转换到工作包 4.3 的 ES；

h. 工作包 4.3：EF=ES+工期=165+20=185（天）。

这里的"转换到"是指硬逻辑的顺序逻辑关系。

图6-2的逆推算（逆着箭头的方向，从结束到开始），从LF计算到LS：

a. 把最大工期数字185天添加到工作包4.3的最晚结束时间LF中；

b. 工作包4.3：LS=LF-工期=185-20=165（天），工作包4.3的LS转换到工作包2.3和4.2的LF；

c. 工作包2.3：LS=LF-工期=165-60=105（天），工作包2.3的LS转换到工作包2.2的LF；

d. 工作包4.2：LS=LF-工期=165-25=140（天），工作包4.2的LS转换到工作包4.1的LF；

e. 工作包2.2：LS=LF-工期=105-45=60（天），工作包2.2的LS转换到工作包2.1和3.0的LF；

f. 工作包2.1：LS=LF-工期=60-15=45（天）；

g. 工作包3.0：LS=LF-工期=60-35=25（天），工作包3.0的LS转换到工作包1.0的LF；

h. 工作包4.1：LS=LF-工期=140-35=105（天）；

i. 工作包1.0：LS=LF-工期=25-25=0（天）。

这里的"转换到"是指硬逻辑的顺序逻辑关系。

正式计算浮动时间，浮动时间的计算公式是：浮动时间=LS-ES或浮动时间=LF-EF。

a. 工作包1.0：LS-ES=0-0=0（天），LF-EF=25-25=0（天），浮动时间为0天；

b. 工作包2.1：LS-ES=45-25=20（天），LF-EF=60-40=20（天），浮动时间为20天；

c. 工作包3.0：LS-ES=25-25=0（天），LF-EF=60-60=0（天），浮动时间为0天；

d. 工作包4.1：LS-ES=105-25=80（天），LF-EF=140-60=80（天），浮动时间为80天；

e. 工作包2.2：LS-ES=60-60=0（天），LF-EF=105-105=0（天），浮动时间为0天；

f. 工作包4.2：LS-ES=140-60=80（天），LF-EF=165-85=80（天），浮动时间为80天；

g. 工作包2.3：LS-ES=105-105=0（天），LF-EF=165-165=0（天），浮动时间为0天；

h. 工作包4.3：LS-ES=165-165=0（天），LF-EF=185-185=0（天），浮动时间为0天。

关键路径是：开始—工作包1.0—工作包3.0—工作包2.2—工作包2.3—工作包4.3—结束。

此项目的关键路径图如图6-3所示。

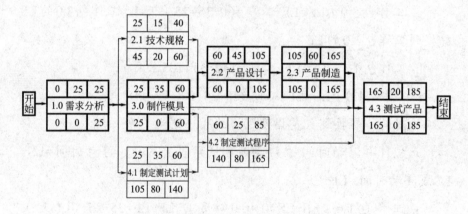

图6-3 "阿尔法"项目的关键路径图

解释

① 本项目的关键路径是开始—工作包1.0—工作包3.0—工作包2.2—工作包2.3—工作包4.3—结束。

② 总工期为185天。具体计算方法为25天（1.0）+ 35天（3.0）+ 45天（2.2）+ 60天（2.3）+ 20天（4.3）= 185天。

③ 项目的进度控制线如图6-4所示。

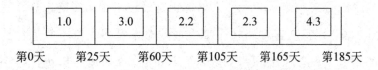

图6-4 "阿尔法"项目的进度控制线

④ 图6-4的进度控制点是第25天、第60天、第105天、第165天和第185天。

⑤ 从图6-3中可以看出"阿尔法"项目是先难后易。从第1天起到第60天，软逻辑关系的工作包集中，有一定的管理难度；从第60天到第185天，软逻辑关系的工作包不集中（只有2条"软逻辑线"同时并行），管理相对容易。

⑥ "阿尔法"项目有2个"危险节点"，第一个是工作包1.0的EF第25天（后面同时紧跟3个软逻辑关系的工作包2.1、3.0和4.1），第二个是工作包3.0的EF第60天（后面紧跟3个工作包2.2、4.2和2.3）。项目经理须对"危险节点"格外重视。

6.1.1.2 利用计划评审技术对关键路径上的工作包进行评审

如果有一个对项目管理很在行的公司高层领导，他看了项目经理呈送上来的"阿尔法"项目的关键路径图，非常认同这个185天的计划工期时间，但是这位高层领导又提出一个非常棘手的问题，这个问题对项目经理来说是一个新的挑战，问题是：你对在185天内完成"阿尔法"项目有几成的把握？

不同的项目经理对于这个问题可能会有不同的回答：有的会说，90%的把握；有的会说，80%的把握；有的甚至会说，100%的把握。这世界上存在"有 100% 把握"的事吗？回答"有 100% 把握"的项目经理，一定是把"风险在项目中存在的客观性和普遍性"给彻底忘记了。其实，在 185 天内把"阿尔法"项目全部完成的把握到底有多大，项目经理暂时不能给出答案。这可能会让人很惊讶，经过了那么多的工作，完成了"五图二表"，怎么连项目按工期完成的概率有多大都不知道？其实从现实的角度来思考这个问题，真的是不知道。为什么？因为每一个工作包的工期都是一个估算的数字，例如，某一个工作包的工期是 5 天，这个"5"是由负责完成这个工作包的项目成员估算的，这个数字会经项目管理团队中的项目经理审核（审核的标准是：工期数字既没有很大的风险，也不是很保守），最后这确定的工期数字会被填入责任矩阵表中，但这个估算的工期数字和实际的工期是有可能存在偏差的。因此管理学家把每一个工作包的工期都定义为"最可能工期"（most likely duration，MLD）。

"阿尔法"项目的总工期是 185 天，185 天 = 25 天（1.0）+ 35 天（3.0）+ 45 天（2.2）+ 60 天（2.3）+ 20 天（4.3）。其中关键路径上每一个工作包的工期都被定义为"最可能工期"，也就是说这些工作包的实际工期情况项目经理还不能确定。

1. 这5个工期全部都很保守？
2. 这5个工期全部都有风险？
3. 这5个工期其中有些很保守？
4. 这5个工期其中有些有风险？

\} 项目经理什么都不知道

那么是否可以在制订项目计划的时候（事先）就用科学的方法，通过计算，对关键路径上的每一个工作包的工期进行判断，看它是否具有存在很大的风险（工期过短）或者很保守（工期过长）的可能性呢？可以，计划评审技术（program evaluation and review technique，PERT）便可以帮助项目经理进行判断。PERT 是利用网络分析制定计划以及对计划予以评价的一种专业化技术。它能协调整个计划中各个工作包的顺序，合理安排人力、物力、时间、资金，加速计划的完成。PERT 被广泛使用在计划的编制和分析中，是现代化项目管理的重要手段和方法。

图 6-3 中"阿尔法"项目的关键路径上的第一个工作包（1.0）的 MLD 是 25 天，这是负责完成这个工作包的项目成员报出来的工期，并且是经过项目经理审核后确定下来的。现在对这个 25 天的 MLD 做计划性（事先）评审，项目经理要求负责完成这个工作包（1.0）的项目成员提供如下信息。

① 如果你（项目成员）很有经验，在完成这个工作包的过程中比较顺利，预计工期是几天？项目成员经过思考后回答是 20 天。这个工期被称为"最乐观时间"（most optimistic duration，MOD）。

② 如果你（项目成员）不是很有经验，在完成这个工作包的过程中不是很顺利，预计工期是几天？项目成员经过思考后回答是 35 天。此时这个工期被称为"最悲观时间"（most pessimistic duration，MPD）。

由此获得了 3 个工期的数字：25 天（MLD），20 天（MOD），35 天（MPD）。

假设活动工期呈贝塔分布，对这个工期为 25 天的工作包做三点估算，也就是 PERT 估算，其计算公式是

$$\mu = \frac{最乐观时间 + 4 \times 最可能时间 + 最悲观时间}{6}$$

$$\delta = \frac{最悲观时间 - 最乐观时间}{6}$$

式中，μ 为加权平均时间，也就是平均工期，即工作包有 50% 的可能性在该工期内完成；δ 为标准差。

根据正态统计分布，工期落在平均工期的正负一个标准差之内的概率

为68.26%，工期落在平均工期的正负两个标准差之内的概率为95.46%，工期落在平均工期的正负三个标准差之内的概率为99.73%。

现在把3个工期数字代入到公式中去，得到

$\mu = (20+4\times25+35)/6 \approx 26$（天），这个工作包的加权平均工期为26天；

$\delta = (35-20)/6 = 2.5$，标准差为2.5。

从图6-5贝塔分析图中，可以更清晰地看出MLD、MOD、MPD以及平均工期之间的关系。

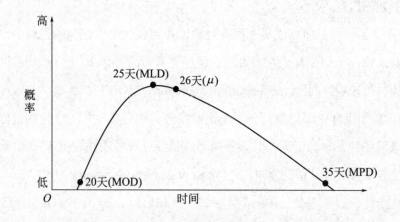

图6-5 贝塔分析图

μ为26、δ为2.5的正态分布图如图6-6所示。由于工期服从正态分布，根据计算出的平均工期、标准差及正态分布的特征，可以很容易地计算出工作包在某工期内完成的概率。

① 正态分布图是一个可以计算面积的正规图形。

② 平均工期为26天表示26天完成"阿尔法"项目的第一个工作包的概率为50%。

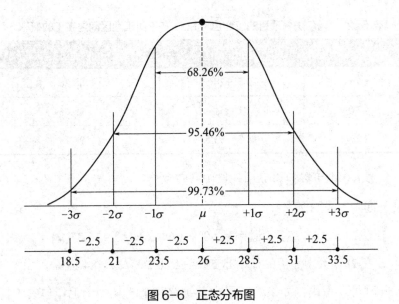

图 6-6 正态分布图

③ 以 26 为起点,每朝右移动 1 个点,就增加 1 个标准差 2.5;每朝左移动 1 个点,就减少 1 个标准差 2.5;以 26 为中心,朝左、右各移动 1 个点,两点之间的距离就是 5,详见图 6-6 中的底部线。

④ "阿尔法"项目的工作包(1.0)的工期在平均工期的正负一个标准差之内的概率是 68.26%,也就是工期在 23.5~28.5 天的概率为 68.26%。

⑤ "阿尔法"项目的工作包(1.0)的工期在平均工期的正负两个标准差之内的概率是 95.46%,也就是工期在 21~31 天的概率为 95.46%。

⑥ "阿尔法"项目的工作包(1.0)的工期在平均工期的正负三个标准差之内的概率是 99.73%,也就是工期在 18.5~33.5 天的概率为 99.73%。

"阿尔法"项目的工作包(1.0)在不同工期区间内完工的概率如表 6-2 所示。

表 6-2 "阿尔法"项目的工作包（1.0）在不同工期区间内完工的概率

标准差区间	工期区间/天	在该区间内完工的概率/%
±1σ	23.5～28.5	68.26
±2σ	21～31	95.46
±3σ	18.5～33.5	99.73

从表 6-2 中可以很容易地计算出"阿尔法"项目第一个工作包（1.0）在某工期内完成的概率：

① 在 23.5 天内完工的概率是 50%-（68.26%/2）= 15.87%；

② 在 28.5 天内完工的概率是 50%+（68.26%/2）= 84.13%。

同时可以看出，如果对项目中关键路径上的某一个工作包的工期做 PERT 估算，工期的区间宽度越大，在该区间内完工的概率也越大。

① 如果需要 60%～70% 的完工概率，项目经理可以选择 ±1σ 区间。

② 如果需要 80% 左右的完工概率，项目经理可以将工期确定为正态分布中一个正标准差的数值。

③ 如果需要 90%～95% 的完工概率，项目经理可以选择 ±2σ 区间。

④ 如果需要达到接近 100% 的完工概率，项目经理可以选择 ±3σ 区间。

PERT 是项目进度计划期间（事先）的控制工具。从项目的关键路径图中可以得到用最科学的方法计算而成的关键路径，获得项目的总工期和项目进度控制点。然后再对关键路径上每一个工作包的最可能工期进行 PERT 估算，希望每个最可能工期都能够在其相应正态分布的正负 1 个标准差内。要特别注意的是，同一个项目关键路径上的不同工作包的 MOD、MLD 和 MPD 都是不一样的，因此计算后的加权平均值、标准差也都不一样，在进行 PERT 估算时要分别在不同的正态分布中进行分析。

PERT 是事先防控项目进度风险的有效工具，为了工作方便，可以制作计划评审表（表6-3），将经过计算得到的相关数值填入表中。

表6-3 计划评审表

关键路径工作包编号	关键路径工作包内容	最可能工期（MLD）/天	悲观工期（MPD）/天	乐观工期（MOD）/天	加权平均工期（μ）/天	标准差（σ）	±1σ工期区间/天	±2σ工期区间/天	±3σ工期区间/天

6.1.2 进度实施（事中）控制

项目在实施过程中的控制工作叫作进度实施（事中）控制。项目进度实施（事中）控制的主要内容在前几章中已经全部介绍过了，现在进行一次总结。

项目在实施（事中）期间的控制工具包括以下几种。

① 在关键路径上每一个工作包的 EF 点建立进度控制点，对项目进度进行控制。只有关键路径上进度控制点前面的工作包没有能够按时完成，工期超过了进度控制点，才会造成项目的延期。如果有工作包轻度延期，可以通过"赶工"的方式进行弥补，"赶工"分为两种。

第一种是加班。加班是一种利用下班后的私人时间来完成某工作的一种方式（一旦决定要加班，工作内容要选择关键路径上人工最便宜的工作包）。加班的优点是可以在规定的时间控制点内完成轻度延期的工作包；缺点是公司安排加班要注意不能违反《中华人民共和国劳动法》规定，加班需要得到工作包完成人员的同意。

第二种是"加人"。在不妨碍"顺序逻辑关系"的前提下，将某一个在关键路径上的工作包,从关键路径上取出,放到非关键路径上(当然不能使这条非关键路径由于加入了这个工作包后,变成了新的工期最长的关键路径),使这个工作包与关键路径上的其他的工作包成为软逻辑关系。这样,由于关键路径上少了一个工作包,其总工期也就相应地缩短了。其优点是总工期可以大大减少;缺点是在原有的资源数量上,需要临时增加人力、物力和财力。

② 项目在实施过程中或多或少都会出现冲突,可以利用九大冲突的平衡方法化解冲突,对项目进度进行有效控制。

6.1.3 进度变更(事后)控制

由于某种突发事件、没有预见到的风险发生或由于某些管理上的原因,在关键路径上的某一个工作包的进度发生了严重的延期,延期的时间已经不能用"赶工"的方法来弥补,只能用重设基准线的方法来"亡羊补牢",也就是用最少的成本来重新设置一个新的进度计划。这种方法已经在 5.2.3 小节中讲述过了。重新建立新的修正过的进度计划是目前在项目管理上解决此类问题的唯一的方法 —— 用一张修正后的新关键路径图作为进度管理工具来继续完成项目。

计划(事先)、实施(事中)、变更(事后)过程中的进度控制方法如图 6-7 所示。

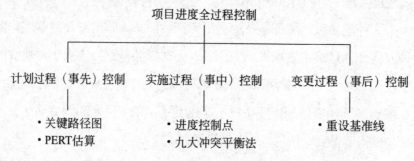

图 6-7 项目进度全过程控制图

6.2 质量管理全过程控制

项目的质量管理主要分为以下三部分。

（1）质量计划（事先）控制

① 明确项目的范围和目的及需要达到的质量目标。

② 明确组织实际运作中的各个过程的步骤（可用流程图或类似图表展示过程要求）。

③ 明确项目成员在项目不同阶段的相关职责、权限和资源的具体分配。

④ 明确所采用的具体的文件化程序和指导书。

⑤ 明确相应阶段适用的检验、试验、检查和审核的大纲。

⑥ 随项目的进展，对质量计划的文件化程序进行更改和完善。

⑦ 明确达到质量目标的度量方法及所采取的措施。

（2）质量在实施过程中（事中）的保证

质量保证就是按照一定的承诺、规范和标准生产产品。由国家市场监督管理总局提供产品质量技术标准，即生产配方、成分组成、包装及包装容量、运输及储存等相关标准，由生产厂家严格按照国家标准生产制造产品，再由国家市场监督管理总局按照标准检测生产出来的产品是否符合标准，以保证产品的质量符合项目用户和投资人的要求。

（3）质量问题出现后（事后）的控制

为达到质量要求所采取的技术措施和管理措施活动称为质量控制。这就是说，质量控制是通过监视质量形成的过程，消除质量环上所有引起不合格或不满意效果的因素，以达到质量要求，获取经济效益。质量控制的目标在于确保产品或服务的质量能够满足经过确认的各种要求。

以上三点描述了项目质量管理的三方面内容：质量计划（事先），质量保证（事中）和质量控制（事后）。项目管理是动态式的管理，随时都有可能发生变化，控制能力对项目经理来讲尤其重要。项目经理应对质量管理的三方面工作内容非常熟悉。

6.2.1 质量计划（事先）控制

项目质量管理从源头来讲就是为实现项目投资人和用户对项目产品或服务的最终要求所进行的管理活动，要求分为标准化要求和特殊需求。

项目经理需对项目中的每一个工作包进行归类。

① 哪些工作包是按标准化要求完成的，需把国家标准、行业标准的标准号写入计划。

② 哪些工作包是按投资人或用户的特殊需求来完成的，需把特殊需求的内容写进计划内。

由于按照标准完成的工作包在技术上比较简单，在这里就不详细介绍了。下面重点介绍特需项目的质量计划是如何通过质量功能展开表（表6-4）进行制定的。质量功能展开（quality function deployment，QFD），亦称为"质量屋"，其核心特征是倾听和理解用户的需求。它是一种用户驱动的产品或服务的开发方法，从质量保证的角度出发，通过市场调研或与用户直接面谈的方法，用图表将用户需求分解到产品或服务开发的各个阶段和各职能部门中，通过协调各部门的工作保证最终产品或服务的质量，使得设计和制造的产品或服务能够真正满足用户的需求。QFD表是项目质量计划控制的最优工具。

表6-4 某产品的QFD表

质量要求（Q）	F1	F2	F3	F4	F5	F6	F7	F8	……
结构要求		·— ·— ·—			·— ·— ·—				
机械性能			·— ·— ·—				·— ·— ·—		
标准件规格	GBXX			GBXX				GBXX	
电气性能						·— ·— ·—			
仪器仪表								·— ·— ·—	
…									

① 表格第一列表示项目用户在某方面的要求。

② 表格其他列的"F"表示项目经理所在公司能够满足用户某种需求的各种技术能力。例如，客户对结构有特殊要求，项目经理所在公司具有F2功能可以满足用户的特需要求。

③ 把项目投资人或用户的特需要求的内容写进QFD表格中。例如，项目投资人和用户对产品的机械性能有一些特需要求，项目经理所在公司有F3的功能来满足客户在产品机械性能上的这些特需要求。

④ 把项目投资人或用户的标准要求的内容写进QFD表格中。例如，某标准件的规格需要符合三个国家标准要求，项目经理所在公司有F1、F4和F8的功能来满足客户在标准件规格上的这些标准

要求。在现实工作中，这3个"F"中的一个，有可能只是"采购某型号的标准件"，代为采购也是企业的一种功能。

⑤ QFD表的特点：质量要求越详细，项目在实施过程中发生变更的概率就越小。

在项目质量计划控制中的关键问题就是在计划过程中要确定每一个工作包是标准要求还是特需要求，然后在QFD表中填入每一个工作包在质量上的属性。一个工作包内不可能既有标准要求又有特需要求，如果出现这种情况，那就是工作分解结构图没有分解到位。每一个工作包在质量面前只能有一个属性，标准要求或特需要求。

这里还要提到一个很重要的质量管理方法——失效模态分析（failure mode effect analysis，FMEA）。产品在设计、制造过程中可能会产生质量缺陷，FMEA在产品设计阶段和过程设计阶段对构成产品的子系统、零件以及构成过程的各个工序逐一进行分析，找出所有潜在的失效模式，并分析其可能的后果，从而预先采取必要的措施提高产品的质量和可靠性。FMEA是质量管理中的一个重要方法。

6.2.2 质量实施（事中）控制

一个项目中会含有各种不同的工作包，不同工作包又具有各种不同的技术要求，在对各种不同工作包的质量控制过程中都必须使用下列七种工具。

6.2.2.1 流程图

以特定的图形符号加上说明表示某一过程的图称为流程图（flow chart），这种过程既可以是生产线上的工艺流程，也可以是完成一项任务所必须的管理过程。流程图是揭示和掌握封闭系统状况的有效方式。作为诊断工具，它能够辅助决策制定，让管理者清楚地知道，问题可能出在什么地方，从而确定行动方案。

6.2.2.2 散点图

散点图（scatterplot diagram）的作用是回归（离散性）分析，通过用两组数据构成多个坐标点，并考察坐标点的分布，判断两个变量之间是否存在某种关联或总结坐标点的分布模式。散点图将序列显示为一组点，值由点在图表中的位置表示，类别由图表中的不同标记表示。散点图通常用于比较跨类别的聚合数据，是质量工程师常用的对不稳定性进行限制和计算的一种工具。

6.2.2.3 帕累托图

帕累托图（Pareto chart）是找出影响产品质量主要因素的一种简单的图表。帕累托法通常被称为二八原理，即 80% 的问题是由 20% 的原因造成的。帕累托图在项目管理中主要用于找出产生大多数问题的关键原因，用来解决大多数问题。

帕累托图能区分"微不足道的大多数"（80%）和"至关重要的极少数"（20%），从而方便人们关注重要的类别。帕累托图是进行优化和改进的有效工具，尤其应用在质量检测方面。

帕累托图中，不同类别的数据是根据其频率降序排列的，并在同一张图中画出数据累计所占比例。帕累托图可以体现帕累托原则：绝大部分的数据存在于很少类别中，剩下的极少的数据分散在大部分类别中。这两种类别经常被称为"至关重要的极少数"（20%）和"微不足道的大多数"（80%）。

假设某运输公司内有一辆运货卡车，它已经临近计划性大修的期限，根据这辆卡车在去年修理记录中的各项数据，项目经理得到了卡车发生故障情况的帕累托图（图6-8）。

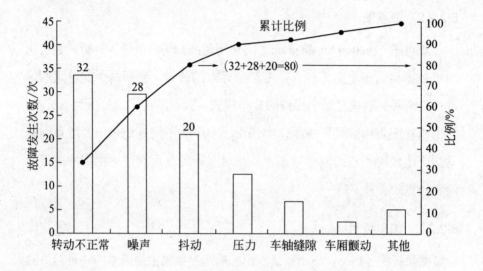

图6-8 卡车发生故障情况的帕累托图

① 全年发生的故障种类见横坐标，全年各类故障发生的次数见左边纵坐标，故障发生的次数占全年所有故障发生次数的比例见右边纵坐标。

② 发动机转动不正常发生了32次，占总故障发生次数100次的32%。

③ 出现噪声28次，加上前面发动机转动不正常的32次共60次，占总故障发生次数100次的60%。

④ 抖动发生了20次，加上前面的60次故障共80次，占总故障发生次数100次的80%。

根据帕累托图的原理，可以得到以下结论："至关重要的极少数"（20%）包括发动机转动不正常（32次）、噪声（28次）、抖动（20次），它们占据了总故障发生数的80%；"微不足道的大多数"（80%）包括剩余的其他故障，它们只占据总故障发生数的20%。如果把"至关重要的极少数"的故障修理好了，那么余下的"微不足道的大多数"的故障就没有了。这就是20%-80%法则的逻辑概念，占故障总数20%的"至关重要的故障"是引起占故障总数80%的"微不足道的故障"的源头，因为80%的"微不足道的故障"是由20%的"至关重要的故障"引发出来的。

例如"车厢颤动"这个故障是由"抖动"或"发动机转动不正常"这两个故障所引起的，只要把"抖动"和"发动机转动不正常"都解决了，"车厢颤动"就会没有了。

帕累托图的20%-80%法则除了可以应用在质量管理上，还可以应用在其他各种管理上，是管理学中一个很重要的管理工具。

6.2.2.4 因果图

因果图（cause and effect diagram）又名鱼骨图，是一种发现问题根本原因的分析方法，其特点是简捷、实用、深入、直观。问题的特性（结果）总是受到一些因素（原因）的影响，可以通过因果图找出这些因素，并将它们与特性值一起，按照相互的关联性整理成层次分明、条理清楚且标出重要因素的图形，这种图形就是具有因果逻辑关系的因果图（图6-9）。因果图是一种透过现象看本质的分析方法。因果图用于生产中，能形象地表示企业生产车间的流程。

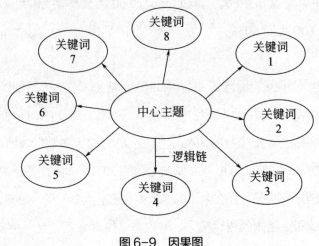

图6-9 因果图

解释

① 中心主题是指有可能发生质量问题的内容。

② 关键词是指导致问题发生的可能原因。

③ 对造成问题（结果）的原因逐一进行排查，直至找到具有因果逻辑关系（逻辑链）的关键词（原因）。

6.2.2.5 直方图

直方图（histogram）又称质量分布图，是表示质量数据分布情况的一种主要工具，其作用是对项目在执行过程中的质量分布做分析和统计。

直方图可以解析出质量的规则性，比较直观地显示出产品质量特性的分布状态，使管理者对于产品质量分布状态一目了然，便于管理者判断项目总体质量的分布情况。直方图如图6-10所示。

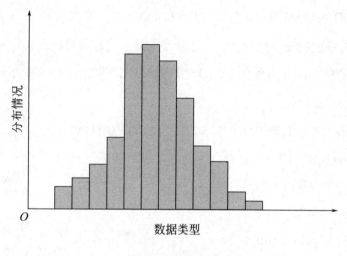

图 6-10 直方图

解释

① 一般用横坐标表示数据类型。首先要对资料数据进行分组，确定组距，这些数据都是在平时的生产过程中记录下来的。

② 纵坐标一般表示分布情况，例如在生产过程中某数据类型发生的次数。

③ 通过观察直方图的形状可以预测并监控产品的质量，对质量波动进行分析。

④ 直方图的作用是可以直接观察产品在生产过程中的质量状态，从而为项目经理进行质量控制提供信息资料。

6.2.2.6 控制图

控制图（control chart）也叫管制图，是对过程质量特性进行测定、记录、评估，从而分析和判断过程是否处于稳定状态，并区分正常波动和异常波动的功能图表，是现场质量管理中重要的统计工具。控制图按照用途可以分为两类：一类是用于分析的控制图，用来分析生产过程中有关质量特性值的变化情况，查看工序是否处于稳定受控状态；另一类是用于控制的控制图，主要用于发现生产过程中是否出现了异常情况，以预防不合格产品产出。

控制图上有五条平行于横轴的直线，如图 6-11 所示。

① 中心线（CL）。

② 上控制限（UCL）。

③ 下控制限（LCL）。

④ 上规格限（USL）。

⑤ 下规格限（LSL）。

控制界限设定在 ±3 标准差的位置，CL 是所控制的统计量的平均值，UCL、LCL 与 CL 相距数倍标准差。如果控制图中的描点落在 UCL 与 LCL 之外，或者描点在 UCL 和 LCL 之间的排列不随机，则表明过程异常。

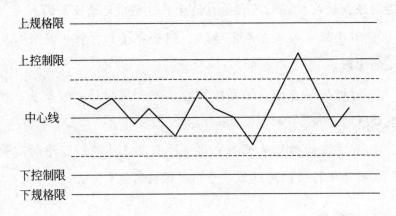

图 6-11　产品质量控制图

① 绝大多数产品的合格区间是在 UCL 与 LCL 之间。图 6-11 中有很少一部分点超过 UCL，说明此产品在生产过程中质量有不稳

定状态，但是很快就恢复正常了。

② 有极少数的产品对产品中某一部分的质量要求不是很高，可以将产品合格区间设置为 USL—LSL。

③ 如果质量描点在 UCL—LCL 区间内出现平行线（说明描点很有规律，不是随机的），表示质量出现了很严重的异常情况。

6.2.2.7 检查表

检查表（check sheet）是按照系统工程分析方法，在对一个系统进行科学分析的基础上，找出各种可能存在的风险因素，然后以提问的方式将这些风险因素列成的表格，填表人员确认"有"或"没有"或检查该做的是否完成即可。

检查表使用简单、易于理解的标准化图形，人员只需要填入规定的检查记号，再对其加以统计、整理，即可为量化分析提供数据或起到比对检查的作用。检查表是项目质量管理七大工具中最为简单的一种工具。根据项目的不同，每位项目经理都应该有能力自行设计出项目的质量检查表。表 6-5 可供各位读者参考。

表 6-5 某产品各项功能的定期检查表

部门：		检查人：				检查日期：	
编号	检查内容（各功能点）	标准状态参数	有无异常	采取措施	目前状态	备注
1						
2						
3						
4						
5						
……						

> **解释**

① 检查内容，指按照规定的周期检查产品的各个功能点。

② 标准状态参数，指该功能点的正常设计参数。

③ 有无异常，指检查时参数是否超过或低于正常参数。

④ 采取措施，指检查时发现有异常，是否采取措施，具体采取了什么措施。

⑤ 目前状态，指采取措施后功能点的参数是否恢复正常。

⑥ 备注，其他没有注明的事宜或检查人的其他建议。

对项目质量控制的七大工具进行总结如下。

① 流程图——按照因果逻辑关系检查每个步骤的工作是否符合逻辑关系。

② 散点图——对质量风险做离散性分析，看风险主要集中在哪里。

③ 帕累托图——20%和80%之间的分析，掌握质量控制的主动权。

④ 因果图——由质量发生偏差的结果，找到导致质量发生偏差的原因。

⑤ 直方图——对质量控制过程的质量分布做统计分析，让数字在图表中显示趋势。

⑥ 控制图——掌握质量控制的上、下区间，把质量变化值控制在一定的范围内。

⑦ 检查表——检查每个功能点是否在规定的参数范围之内工作（细节检查）。

6.2.3 质量问题（事后）控制

质量问题发生后，可以通过以下几点对质量问题进行控制。

① 在帕累托图中确定产生质量问题的主要因素，然后在以后的工作

中不断改进和提高。

② 规范使用七大质量控制工具，出现问题最好当场解决并做好记录，为重新制定质量计划提供更符合实际情况的参考依据。

③ 不同的项目有不同的技术特性，在制定项目质量计划时，不要忘记使用管理学中的三大管理工具（标杆类比法、历史记录法、专家咨询法），尽最大的努力制定一个科学的、完整的项目质量计划，在理论上消除质量变更的情况。

项目质量全过程控制的内容总结如图6-12所示。

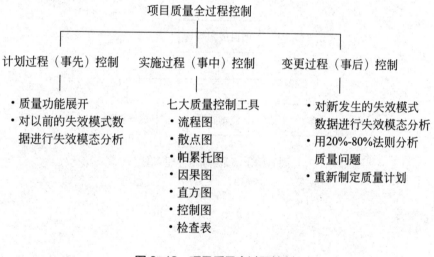

图 6-12　项目质量全过程控制

解释

① 做质量计划前一定要先完成质量功能展开表。

② 一定要对以前发生的失效模式数据进行失效模态分析，将分析结果考虑进计划内（不要重复犯同样或类似的错误）。

③ 项目实施过程中可使用国际上通用的七大工具控制质量。

④ 对于新的失效模式数据，必须做完整的记录，通过进行失效模态分析，制定解决方案。

⑤ 经过帕累托分析，重新制定质量计划。

6.3 成本管理全过程控制

项目成本管理简图如图 6-13 所示。

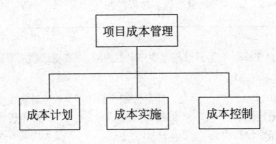

图 6-13　项目成本管理简图

解释

① 成本计划，指项目中每一个工作包所需的人工费用和物料费用的预算总额。

② 成本实施，指严格按照成本计划中每一个工作包可以消耗的人工费和物料费来执行项目。

③ 成本控制，指保证成本在预算范围内的工作。在项目实施过程中遇到实际成本超过预算成本的情况，就用成本变更的工具重新制定新的成本计划，然后按照新的成本计划来执行项目。

6.3.1 成本计划（事先）控制

制定项目成本计划就是做出一个能够让公司领导满意的项目总预算。项目总预算是由每一个工作包的单项预算叠加而形成的，每一个工作包的预算由完成该工作包的人工费预算和物料费预算组成。

6.3.2 成本实施（事中）控制

6.3.2.1 项目成本中的几个术语

（1）计划值（planned value，PV）

完成项目工作包所需的预算费用就是项目的计划值，计划值是项目还没有正式开始实施、在做计划的时候确定的一个成本数字。

（2）实际成本（actual cost，AC）

财务实际付出的费用。

（3）挣值（earned value，EV）

已完成工作量的预算成本。

6.3.2.2 点-成本控制

成本偏差（cost variance，CV）是挣值与实际成本的差，CV=EV-AC。

假设项目进行到工期中的某一天，在这一天已完成工作量的预算成本 EV 是 10000 元，财务实际消耗在工作包的人工和物料上的费用 AC 是 9000 元，那么，成本偏差 CV= EV-AC=10000 元 -9000 元 =1000 元。在这一天，成本节约了 1000 元。

如果上面的例子变为 EV 为 9000 元，AC 为 10000 元，那么这一天的成本超支了 1000 元。

6.3.2.3 点-进度控制

进度偏差（schedule variance，SV）是挣值与计划值的差，SV=EV-PV。

假设项目进行到工期中的某一天，在这一天已完成工作量的预算成本 EV 是 10000 元，计划消耗在工作包的人工和物料上的费用 PV 是 9000 元，那么，进度偏差 SV=EV-PV=10000 元 -9000 元 = 1000 元。在这一天，进度提前完成了 1000 元的工作量，也就是说这一天计划的工作已经提前完成，并且已经将明天 1000 元的工作量完成了，今天在做明天的事，进度提前了。

如果上面的例子 EV 为 9000 元，PV 为 10000 元，那么这一天的进度滞后了 1000 元的工作量，其实也就是说这一天的工作时间用完了（下班了），但是应该完成的工作还没有完成，还欠了 1000 元的工作量，进度滞后了。

6.3.2.4 线-成本效率

成本绩效指数（cost performance index，CPI）是挣值与实际成本的比值，CPI= EV/AC。

假设项目进行到工期中的某一时间段 a 到 b，在这一时间段已完成工作量的预算成本 EV 是 500000 元，项目在这一时间段的实际成本，也就是财务实际消耗在工作包的人工和物料上的费用 AC 是 450000 元，那么成本绩效指数 CPI=EV/AC=500000 元 /450000 元 = 1.1。这一时间段的成本节约了 10％。

如果上面的例子变为 EV 是 450000 元，AC 是 500000 元，那么这一时间段的成本超支了 10％。

6.3.2.5 线-完工程度

进度绩效指数（schedule performance index，SPI）是挣值与计划值的比值，SPI= EV/PV。

假设项目进行到工期中的某一时间段 a 到 b，在这一时间段已完成工作量的预算成本 EV 是 500000 元，这一时间段的预算费用 PV 是 450000 元，那么进度绩效指数 SPI=EV/PV==500000 元 / 450000 元 = 1.1，这一时间段的进度提前了 10%。

如果上面的例子变为 EV 是 450000 元，PV 是 500000 元，那么这一时间段的进度滞后了 10%。

从以上四个控制计算公式中，可以看出，EV 总是作为被减数或分子，项目经理总希望经过计算后，在"点"的减法计算中结果大于或等于零，在"线"的除法计算中结果大于或等于 1。

挣值管理示意图如图 6-14 所示。

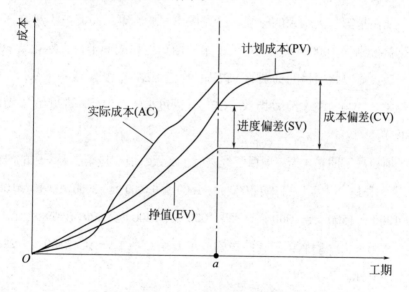

图 6-14　挣值管理示意图

解释

① 挣值管理是一种综合了范围、时间、成本的绩效测量的方法，它对计划完成的工作、实际挣得的收益、实际花费的成本进行比较，以确定成本与进度是否按计划进行。

② 项目在某一天 a 时，该项目的 EV 小于 PV 和 AC，这表明项目进度滞后，成本超支。

③ 有了 EV、AC 和 PV 这 3 个关键变量，项目经理就可以对项目中任何一天的 EV、PV 和 AC 进行"2个减法和2个除法"的计算，了解项目过程中的成本和进度情况，从而采取相应的措施对成本和进度进行控制。

接下来通过下面这道练习题，加深对 PV、EV、AC、CV、SV、CPI 及 SPI 的理解。

假设要建造一个四面的篱笆，每面预算 1000 元，计划每天完成一面。现在是第三天结束的时候，已完成第一面、第二面篱笆的建造，实际花费分别为 1000 元及 1200 元；第三面篱笆完成一半，实际花费 600 元。请计算出此项目的计划值（PV）、挣值（EV）、实际成本（AC）、成本偏差（CV）、成本绩效指数（CPI）、进度偏差（SV）、进度绩效指数（SPI）。

项目总工期是 4 天，项目已经进行了 3 天，现在是第 3 天下班的时间"点"，在这个"点"的 PV=1000 元 +1000 元 +1000 元 =3000 元，EV=1000 元 +1000 元 +500 元 =2500 元，AC=1000 元 +1200 元 +600 元 =2800 元。

从第一天开始到第三天结束的成本偏差 CV= EV-AC=2500 元 -2800 元 =-300 元。

从第一天开始到第三天结束的成本绩效指数 CPI=EV/AC=2500 元 /2800 元 =0.893。

从第一天开始到第三天结束的进度偏差 SV= EV-PV=2500 元 -3000 元 =-500 元。

从第一天开始到第三天结束的进度绩效指数 SPI= EV/PV=2500 元 /3000 元 =0.833。

从计算结果可以看出，这个项目到第三天结束的时候情况已经相当糟糕了，该项目既超了成本，又超了工期，单靠最后的第四天来补救已经是不可能的了。

从这道练习题中可以看出，项目一开始实施，就可以用数字来量化项目的进展，根据不同指标的数值，项目经理可以掌握控制项目成本和进度的主动权。

EV、AC、PV、CV、SV、CPI 和 SPI 是项目在实施过程中（事中）对成本进行控制的工具。

再来看一个案例，假设有一个项目从某年的 1 月 1 日开始实施。目前的时间点是 1 月 7 日下班的时候，此时项目经理发现：7 天已完成工作量的 EV 值不仅小于 7 天的 AC 值，还小于 7 天的 PV 值，也就是 CV=EV-AC＜0，SV=EV-PV＜0。

可以看出，该项目在开始的前 7 天，就已经既超成本又超工期，情况已经非常紧急了，必须采取措施进行补救。项目经理采取的控制方法是：增加成本 EV 的控制点。原来是以 7 天一次的频率计算分析 EV 的数值对成本进行控制，现在改为每天一次，并用各种方法，把原来负的 CV 慢慢变成零。通俗地说，由于 1 日到 7 日在花钱方面没有控制好，那么从 7 日开始就需要每天"勒紧腰带，节衣缩食"，把 1 日到 7 日超支的钱，平衡到 7 日到 14 日的期间内（图 6-15）。

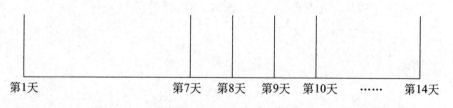

图 6-15 增加成本控制点

增加 EV 的控制点，是指项目经理必须果断采取措施，把超成本和超工期的时间限制在一个更小的区间内，以便查出超支、超期的原因，在以后的工期内挽回超支、超期部分，保持与计划值 PV 和实际成本 AC 的平衡。

如果项目的 CV 和 SV 都出现了较大的负数偏差时，就应该当机立断，增加 EV 控制点的密度，提高 EV 的计算（CV=EV-AC，SV=EV-PV）频率，避免由于一时的疏忽，造成成本控制中的"多米诺骨牌效应"而不可收拾。

6.3.3 成本失控（事后）控制

项目在实施过程中会产生一些变更，项目经理必须知晓哪些变更会直接对项目的成本产生影响、引发成本失控，并能亡羊补牢，在发生变更后，用科学的方法重新制定新的计划。下面来介绍一些由变更导致的成本失控的控制方法。

6.3.3.1 预算减少

有这样一个案例，假设某制药厂拟订一份新产品促销计划，原计划拨款 60 万元作为新产品促销项目的预算，后来由于公司的资金紧张，公司管理层决定把预算缩减到 40 万元。在促销预算是 60 万元的时候，该公司的市场部拟订了一份总预算为 55.8 万元的促销计划。当促销项目预算改为 40 万元的时候，项目经理经过对工作活动重新排序，最后得出一份总预算为 37.8 万元的促销计划（图 6-16）。

解释

① 图 6-16 左边是原始预算为 60 万元时的促销计划。

② 根据重要性对图 6-16 左边所有任务（工作包）进行加权排序后，可以看到右边新的工作包排序：右边上部分的 7 项任务（工

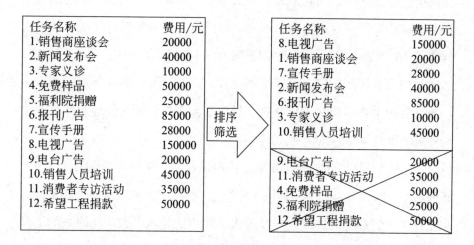

图 6-16　用 ABC 加权排序法对成本进行控制

作包）被标为必须完成的"高权重任务"（重要工作包）；右边下部分的 5 项任务（工作包）被标为可以省略的"低权重的任务"（由于预算减少，可以忽略的工作包）。

③ 右边上部分的 7 个高权重工作包的费用加起来，一共是 37.8 万元，没有超过 40 万元的新预算。

④ 右边上部分便是修改后的预算为 40 万元时的促销计划。

⑤ 这样的方法被定义为临时最低预算法（财务学的名称），使用的工具是按照重要性（权重）对所有的工作包进行排序，然后确定"高权重任务"，使从权重最高的工作包开始到最后一个高权重工作包的总费用正好在新的预算范围内。这种方法在管理学上又被称为 ABC 加权排序法（ABC weighting sequence）。

6.3.3.2　客户扩大范围（在原工作分解结构范围内）导致成本变更

假设李某在一家著名的手机制造公司的研发部门担任某新款手机的手机铃声研发工程师。根据市场调研的结果，该新款手机的主要用户是初高中的在读学生,因此,公司高层领导要求该款手机各功能的研发人员必须在研发产品时注意降低成本。因此李工程师将新款手机的铃声设计成了 16 和弦(用电子技术模仿 16 种不同乐器发出的声音)的铃声。该款手机上市不到 1 年,销售量不尽如人意,而且一直在下滑。终于有一天,公司主管该新款手机的高层领导找到李工程师,让他立即在原手机基础上研发 40 和弦的手机铃声。

李工程师早已完成了原 16 和弦铃声设计的工作分解结构图,现在的新任务是一个设计 40 和弦铃声的工作包,在技术上和原来一样都是设计和弦铃声,它们之间的差别只是扩大了铃声的技术参数。在原来的工作分解结构图和关键路径图中有一个 16 和弦铃声的工作包,为了达到 40 和弦铃声的目标,李工程师还要在 16 和弦的基础上继续再研发 24 个和弦,因为是硬逻辑的关系,他将 24 和弦铃声的工作包直接插入在原有 16 和弦铃声工作包的后面。然后他估算出再增加 24 个和弦还需要 10 天,如图 6-17 所示。

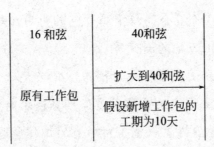

图 6-17　在原工作分解结构范围内扩大范围的变更案例的示意图

解释

① 上述变更是在原有工作分解结构图的从属逻辑关系范围之内,形成三种完全不同的情况(图 6-18)。不管是哪种情况发生,都会引起成本变更。

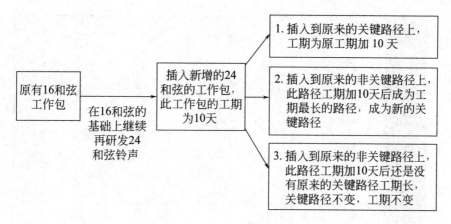

图 6-18 扩大范围后的三种结果

② 如果原来 16 和弦的工作包就在关键路径上，那么原工期加 10 天，李工程师就可以完成扩大范围这一变更。

③ 如果原来 16 和弦的工作包不在关键路径上，新的 24 和弦铃声工作包插入后，增加了 10 天的工期，这条路径变成关键路径图中最长的一条线，那么这条路径就成为新的关键路径，李工程师按照新的、经过再次计算的工期来完成扩大范围这一变更。

④ 如果原来 16 和弦的工作包不在关键路径上，新的 24 和弦铃声工作包插入后，增加了 10 天的工期，但这条路径还是没有原来的关键路径长（还是在非关键路径上），那么原工期不变，李工程师按照原来的工期就能完成扩大范围这一变更。

⑤ 无论上述哪种情况，都会引起成本变更。项目经理需根据实际情况重新制定新的成本计划，并在工作过程中对成本进行控制。

为了便于管理，项目经理可以制作一张项目变更控制表（表 6-6），把变更的相关内容和参数填入表中，此表只适用于在原工作分解结构范围内的变更。

6.3.3.3 客户新增范围（在原工作分解结构范围外）导致成本变更

还是上面的手机铃声案例，假设现在的情况是 16 和弦铃声的手机销售

表 6-6 _____年度公司项目变更控制表（在原工作分解结构范围内）

编号	项目名称	变更内容	变更技术	变更参数	原工期	变更后工期	变更执行人	变更审核人	备注
1									
2									
3									
4									
5									
6									
7									
8									
9									
10									
11									
12									

情况不错，为了扩大市场的占有率，公司高层领导要求在原16和弦铃声的手机中再增加照相功能（当时手机行业刚开始开发照相功能）。由于李工程师具有开发手机照相功能的技术能力，他又被公司高层领导任命为在原16和弦铃声手机上再开发照相功能项目的项目经理。现在的问题是：铃声和照相不是同一个技术，照相功能不在原有的工作分解结构范围之内，原有的工作分解结构图和关键路径图都没有作用了。

李工程师马上将新增加的"照相功能"另立为一个新的项目。

项目的最终目标是：

> 研发16和弦铃声手机的照相功能

李工程师通过公司的 PMO 有计划地组建了以他本人为主的项目管理团队、项目成员和项目技术支持团队，新项目的人员在很短的时间内完成了如下工作。

① 完成了阶段图、资源图和工作陈述表 —— 立项报告，给高层领导审核、批准。

② 立项报告被批准后，团队一起完成每一阶段内容的工作分解，一直分解到工作包为止，完成了工作分解结构图。

③ 通过一系列的公司内外部的沟通，将每一个工作包定位、分工，完成了责任矩阵表。

④ 召开了"项目进度计划制定会议"，确定了工作包之间的顺序逻辑关系，完成了关键路径图，获得经过运筹学计算的总工期。

⑤ 把每一个工作包的工期画成带有三角箭头的直线，按照关键路径图中的顺序，把每条直线画在日历上，制成甘特图。

对于这种客户新增范围的变更，原工作分解结构内没有变更的工作内容，项目经理就需要把这次变更当作一个新的项目来完成。范围的变更必然引发成本的变更，需重新制定项目成本计划，并在实施过程中对项目成本进行控制。

表 6-7 _____年度_____公司项目变更控制表（不在原工作分解结构范围内）

编号	原项目名称	变更内容	变更后新项目名称	变更执行人	变更审核人	备注
1						
2						
3						
4						
5						
6						
7						
8						
9						
10						
11						
12						
13						

注：请将变更后新项目的工作分解结构图、责任矩阵表、关键路径图及甘特图附于此表后。

通过上面这个案例，再一次复习了"五图二表"的制作过程。

可以制作一张变更控制表（表6-7），把变更的相关内容和参数填入表中，此表只适用于在工作分解结构范围外的变更。

解释

① 由于变更新增加的工作内容不在原有的工作分解结构范围内，原有的工作分解结构图、责任矩阵表、关键路径图和甘特图（三图一表）都没有用了，需要重新制定新项目的"三图一表"。

② 一般情况下，新项目的立项报批图表（阶段图、资源图和工作陈述表）可以省略。但如果公司领导需要，项目经理就要完成新的"二图一表"。

③ 变更后的"三图一表"可以作为变更控制表的补充。

项目成本全过程控制如图6-19所示。

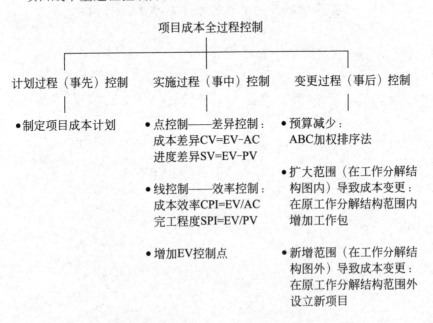

图6-19 项目成本全过程控制明细图

> **解释**

① 制定项目成本计划是以单项工作包为基本单元，以每个工作包所需的人工费和物料费为基本的成本消耗，把所有工作包的成本消耗全部叠加起来形成项目的总成本。

② 在项目实施过程中（事中）对成本进行每一天的控制是点控制，对成本在一个时间段的控制是线控制。

③ 在点控制中，如果发现CV、SV为负数，同时在线控制中发现EV与AC、PV相除后结果都小于1（CPI和SPI小于1），应立即采用增加EV控制点的办法，用这种方法来平衡前一段时间的成本超支及进度落后。

④ 如果由于出现突发情况需要临时减少成本，那么就使用ABC加权排序法进行调整。

⑤ 如果由于范围的变更进一步引发成本的变更，需重新制定成本计划，并在后续项目的实施过程中对成本进行控制。

7 项目群组管理的资源平衡

随着科学技术的飞速发展，企业间竞争越来越激烈，产品更新换代的速度越来越快，一个企业只有快速响应市场需求、提供满足用户需求的新产品，才能在激烈的市场竞争中获胜，持续保持企业的竞争力。在这种情况下，市场会要求企业在某一段时间内同时完成多个不同类型的项目，也就是企业可能会同时面临新产品研发、技术改造、设备更换、软件升级等多个项目。如果把每一个项目看作是一个工作包，这样的情况就相当于企业中的项目与项目之间形成了软逻辑的关系，这无论对项目管理者还是对项目执行者而言都是一种巨大的挑战。

项目管理中最大的难题就是存在软逻辑关系的工作包，软逻辑关系的工作包数量越多，项目在进度和资源管理上就越困难。用几何学的理论来解释，单个项目管理是一个平面，是二维空间。现在如果有2个或2个以上的项目同时开展，多个项目之间同时存在着硬逻辑和软逻辑的关系，这在几何学中便是三维空间，其难度可想而知。

资源问题历来都是一个很棘手的问题：项目投资人（公司高层领导）总是希望项目所需的资源少（成本低），完成后的项目销售价格高；项目最终用户则希望产品买入价格低。这就很难做到"三全其美"。多项目管理中的资源平衡更是难上加难。尽管在理论上难度很大，项目经理还是要全力以赴地去做。项目经理必须有能力制定一个多项目管理的战略规划,通过科学的规划,平衡各种资源。本章将主要介绍项目群组管理,也就是多项目管理的资源平衡技巧。

假设有一家公司在某一年的 11 月和 12 月共签订了 8 个项目的合同,其中有些项目的交付时间在下一年的 1 月至 2 月间,有些项目的交付时间在下一年的 3 月,所有项目的交付时间都在下一年的 3 月 31 日之前。这家公司遇到了"多项目管理"的问题。

此时,公司任命一位统管 8 个项目的项目总监,项目总监又任命 8 位分别管理每一个独立项目的项目经理。项目经理将 8 个项目的开始、结束时间表示在图 7-1 中。

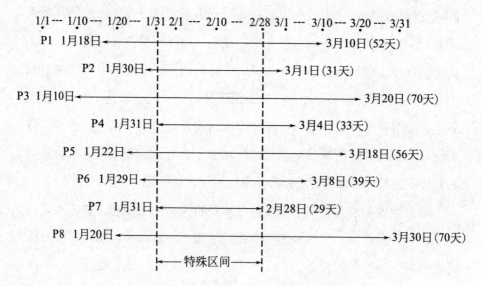

图 7-1　多项目管理中项目起止时间示意图

按照项目交付期的先后,将 8 个项目用 8 条带有两个箭头的线段表示出来,每条线段上的两个箭头分别代表每个项目的开始时间和结束时间。需合理安排每个项目的开始和结束时间,使代表项目开始时间和结束时间的箭头的连线能分别形成 2 个锯齿形状,目的是避免有 2 个或 2 个以上的项目同时开始或同时结束,以保持资源的平衡,避免发生资源冲突。

以交付期最短的项目 P7 为基准，在 P7 的两端画出两条垂直虚线。通过图形可以看出，项目群最繁忙的时间段为 1 月 31 日至 2 月 28 日，该时间段被称为"特殊区间"。这"特殊区间"是 8 个项目同时进行的时间段，是人力资源最紧张、项目风险最大、采购最频繁、沟通密度最高、花费最大的阶段。

把每个项目在"特殊区间"内的资源使用情况填入表 7-1 中，仔细寻找是否有 2 个或 2 个以上的项目在"特殊区间"内要使用同一种资源（同一个人、同一个服务商、同一种设备等）。如果存在上述情况，产生冲突，资源应该如何分配？项目使用资源的优先级应该如何排序？应按照项目交付日期进行排序，交付日期早，使用资源的优先级就靠前。因此，从图 7-1 中可以看出，这 8 个项目使用资源的优先级为：P7—P2—P4—P6—P1—P5—P3—P8。

表 7-1 多项目管理中每个项目在"特殊区间"内的资源使用情况表

P1（项目名称）		P2（项目名称）		P3（项目名称）		……
编号	资源名称与数量	编号	资源名称与数量	编号	资源名称与数量	……
1		1		1		……
2		2		2		……
3		3		3		……
……		……		……		……

如果这 8 个项目中的不同工作包对同一种资源产生冲突，例如 P7 项目（排序在第一位）在"特殊区间"内的最后一个工作包需要使用一台电焊机，而 P2 项目（排序在第二位）在"特殊区间"内的最前面一个工作包也要使用这台电焊机，这时又该如何对项目使用资源的优先级进行排序呢？

当不同项目中的不同工作包对同一资源的使用产生冲突时，在刚刚已经排好的优先级的基础上，进一步按照工作包需使用资源的时间在日历中的先后顺序进行排序即可，也就是让 P2 项目在"特殊区间"内的第一个工作包优先使用电焊机。这种安排的理论依据是华罗庚应用数学中的优选法。

表7-2 多项目管理中每个项目的工作包在"特殊区间"内的资源使用情况表

编号	P1（项目名称）				P2（项目名称）				P3（项目名称）				……
	工作包名称	工期	资源名称与数量		编号	工作包名称	工期	资源名称与数量	编号	工作包名称	工期	资源名称与数量	
1					1				1				
2					2				2				
3					3				3				
4					4				4				
5					5				5				
6					6				6				
7					7				7				
8					8				8				
9					9				9				
10					10				10				
11					11				11				
……					……				……				

表 7-2 是多项目管理中每个项目的工作包在"特殊区间"内的资源使用情况表，把工作包在"特殊区间"内的资源需求填入表中，就能够很容易地看出不同项目的不同工作包是否需要同一种资源。

如果 P7 项目在"特殊区间"内的一个工作包需要使用一台电焊机，而 P2 项目在"特殊区间"内的一个工作包也要使用这台电焊机，这两个都要使用电焊机的工作包的交付时间几乎相同，又该怎么办？有两种方法可以解决这个问题。

第一种方法是：确定一个合格的代加工商，将一个要使用电焊机的工作包外包给代加工商来做。

第二种方法是：租赁一台质量过关的电焊机。

由于项目一次性的特性，在资源冲突的情况下，不可能为某个项目去购买价格不菲的中、大型设备，可以通过租赁或外包来解决问题。

再来讨论一下图 7-1 中的 8 个项目。假设企业面临人力资源匮乏的问题，公司高层领导告诉项目总监最多只能安排 4 个项目经理给项目总监，项目经理的数量和能力不可能在短时间内满足项目总监的要求，无法做到在 90 天的时间内完成 8 个同时进行的项目，那么该如何制定这个多项目管理资源平衡的战略规划呢？具体方法见图 7-2 所示。

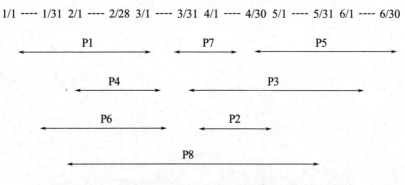

图 7-2 资源匮乏的情况下多项目管理资源平衡示意图

> **解释**

① 拉长总工期长度（从1月1日到6月30日），将8个项目按照不同的交付日期重新排列。

② 确保同一路径的项目（项目与项目间是硬逻辑关系）使用同一种资源，不会发生资源需求冲突。

③ 如果某些项目交付时间比较接近，且不是硬逻辑关系，就将其分至多条路径同时进行。

④ 尽量避免项目同时开始及同时结束。

⑤ 为每一路径安排一位项目经理，4位项目经理每人负责1条路径。项目总监负责管理4位项目经理。

⑥ 确保4条路径的开始和结束的两端形成锯齿形状，避免由于不同路径的项目集中开始或结束而造成资源冲突。

8 项目管理功能图表

"五图二表"核心工具都已经介绍完毕,下面将以图表的形式从不同角度对项目管理的相关知识进行总结,供各位读者参考。

(1)项目管理五大过程和十大功能模块(图 8-1)

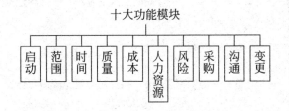

图 8-1 项目管理五大过程和十大功能模块

（2）项目管理是以工作包为基本单元展开的（图8-2）

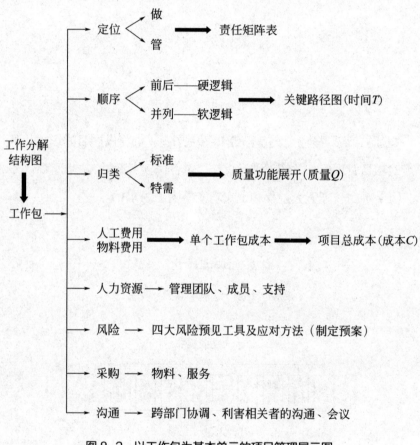

图8-2 以工作包为基本单元的项目管理展示图

（3）项目管理五大过程展示图（图 8-3）

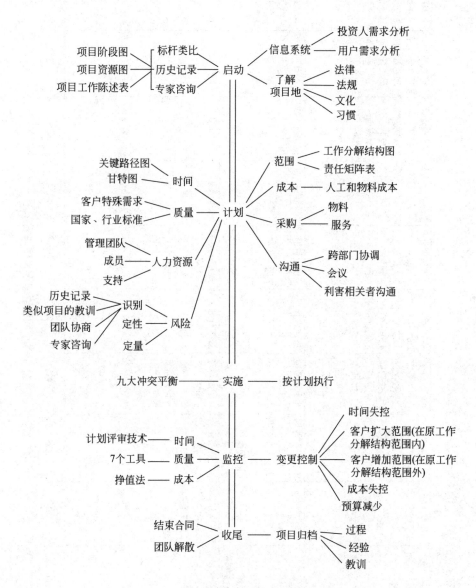

图 8-3　项目管理五大过程展示图

（4）将"二图一表"呈交投资人审核批准

项目管理十大模块展示图（图8-4）

		范围	进度	质量	成本	人力资源	风险	采购	沟通	变更
控制		1.范围控制 2.分清职责	重设基准线	1.对发生的失效模态数据进行失效模态分析 2.20%-80%分析 3.重新制定质量计划	1.CV=EV-AC 2.SV=EV-PV 3.CPI=EV/AC 4.SPI=EV/PV 5.增加EV控制点	1.人员数量控制 2.人员能力评估	失效模态分析	1.采购质量控制 2.采购价格控制 3.供应商控制	1.建立PMO 2.建立项目经理跨部门协调责任制 3.建立沟通激励体系	1.追踪变更实施情况 2.变更效果的评估
实施		按范围计划执行	1.按进度计划执行 2.九大冲突平衡法 3.进度控制点	七大质量控制工具	按成本计划执行	1.确定管理团队 2.确定成员 3.确定支持	风险应对	按采购计划执行	1.跨部门协调 2.利害相关者沟通 3.组织会议	1.变更授权 2.变更审核 3.变更评估 4.实施变更
计划		1.工作分解结构图 2.责任矩阵表	1.关键路径图 2.甘特图 3.PERT估算	1.用户特殊需求 2.行业标准 3.企业标准 4.质量功能展开 5.对以前的失效数据进行失效模态分析	成本计划	人力资源管理计划	风险预见	采购计划	沟通计划	无
启动		1.确定每个项目的T、Q、C 2.阶段图 3.资源图 4.工作陈述表			项目说明书					

图8-4 项目管理十大模块展示图

（5）项目管理全过程控制展示图（图 8-5）

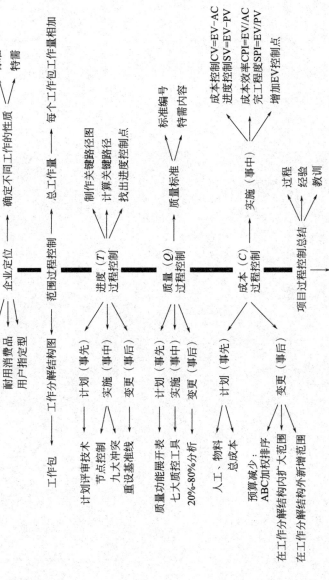

图 8-5 项目管理全过程控制展示图